Empático y narcisista

Cómo capacitar a las personas empáticas y altamente sensibles para que prosperen, sanen y recuperen sus vidas tras la manipulación narcisista

Índice

Introducción

La empatía es un don especial. Nos da la capacidad de comprender a los demás y el dolor que sufren mejor de lo que puede hacerlo la mayoría de la gente. Sin embargo, en ocasiones este don único puede parecer una maldición, ya que nos deja susceptibles al abuso narcisista. ¿Por qué sucede esto a los empáticos? ¿Qué pueden hacer cuando son víctimas de personas tóxicas?

El libro comienza explicando los tipos y rasgos de personalidad de los empáticos y de las personas altamente sensibles, y cómo pueden conectar con los demás. También arroja luz sobre las diferencias entre simpatía y empatía, así como entre ser empático y sentir empatía.

La gente ha estado utilizando mucho la palabra «narcisista» en los últimos años. Entonces, ¿qué es exactamente un narcisista? ¿Cómo se puede reconocer a uno? Este libro lo llevará al mundo de estos manipuladores para que comprenda cómo funciona su cerebro.

¿Por qué los empáticos se sienten atraídos por los narcisistas? Esa es la pregunta del millón, ¿verdad? Muchos factores complejos contribuyen a estas emociones inexplicables. Después de comprender estas razones en detalle, podrá reconocer y abordar estas tendencias.

El abuso narcisista implica manipulación mental y emocional, lo que hace que sea bastante difícil de reconocer. En los siguientes capítulos, conocerá las señales y las etapas de este abuso, y cómo puede liberarse de estas emociones tóxicas.

Es muy duro vivir con el abuso narcisista, pero no tiene por qué sufrir las consecuencias el resto de su vida. Puede sanar y dejar atrás el pasado.

Encamínese hacia la recuperación emocional utilizando toda la información a su disposición.

Algunas víctimas de abusos sufren TEPT. El libro explica los retos a los que puede enfrentarse con esta afección y cómo puede curarse del trauma.

Después de sanar, estará preparado para recuperar su vida y su identidad. Utilice estas estrategias para redescubrir su auténtico yo y reconstruir su vida.

Parte de su recuperación consiste en sanar a su niño interior herido y seguir adelante con las experiencias traumáticas del pasado. El libro le guía para que vuelva a conectar con las partes olvidadas de sí mismo para que pueda seguir adelante y perdonarse.

La última parte del libro se centra en dotar a los empáticos de herramientas y estrategias prácticas que puedan utilizar a diario para prosperar en sus vidas.

Anímese a dar el primer paso y comience hoy mismo su viaje de recuperación.

Capítulo 1: Empatía y sensibilidad

Dependiendo del contexto, experimentar sentimientos y conexiones más profundas con los demás puede ser una bendición o una maldición. Un empático se encuentra a menudo atrapado entre el establecimiento de fuertes límites para protegerse a sí mismo y la propulsión emocional para compartir los triunfos y las pruebas de quienes lo rodean. El dilema de ser un empático es encontrar el espacio para ser vulnerable y abrirse, y al mismo tiempo asegurarse de que no se aprovechen de ellos. Para encontrar el equilibrio adecuado, necesita saber qué significa ser un empático y de qué debe cuidarse mientras navega por el mundo.

Los empáticos son almas sensibles e intuitivas

https://www.pexels.com/photo/crop-woman-tapping-shoulder-of-frustrated-female-friend-6383158/

Los empáticos son almas sensibles e intuitivas con personalidades únicas que suelen atraer a la mayoría de la gente. Suelen trabajar en carreras orientadas a las personas, como la industria médica o la enseñanza. Se sienten impulsados a ayudar a los demás debido a su fuerte conexión con las emociones ajenas. Los empáticos suelen ser introvertidos porque sentir la energía emocional de los demás puede resultar agotador, por lo que optan por aislarse y evitar a la gente. Relacionarse e intercambiar con otras personas puede ser una experiencia abrumadora para los empáticos. Para que puedan funcionar a diario, necesitan protegerse de la vasta y confusa entrada emocional que reciben de todas direcciones. Su sensibilidad intuitiva puede canalizarse para curarse a sí mismos y a los demás, o puede utilizarse indebidamente para manipular. Ser irresponsable con el don de la empatía profunda puede hacer que se sienta agotado porque, por desgracia, los empáticos tienden a ser los blancos perfectos para el abuso narcisista. Habrá muchos retos que superar si es usted uno de ellos, pero una vez que se haya autorrealizado y asentado en una identidad sana, será imparable.

Comprender lo que significa ser altamente sensible o empático proviene de la introspección y de explorar las partes de usted mismo que normalmente quiere ocultar. Este capítulo pretende arrojar luz sobre ello para que pueda tener una visión sin filtros de cómo progresar. Como empático, es fácil olvidar sus propias emociones y quedar atrapado en las de los demás. Necesita establecer protocolos de seguridad que le impidan perderse en el desorden superpuesto y entrelazado de los seres humanos que lo rodean. Tener cierta empatía es estupendo, pero no puede permitir que lo destruya ni que los demás la utilicen en su contra.

Empáticos y personas altamente sensibles

Existen solapamientos entre los empáticos y las personas altamente sensibles, o PAS. Un empático puede definirse como alguien que se introduce fácilmente en las emociones y percepciones de quienes lo rodean. Una PAS es más sensible a los estímulos emocionales, físicos o sociales que la persona media. Mientras que algunos empáticos son PAS, otros no lo son. Mucha gente confunde a los empáticos y a las PAS porque hay mucho solapamiento entre ambos. Una PAS que sea empática será más receptiva a las experiencias de los demás. Por el contrario, una que no lo es puede tener grandes respuestas a las emociones de los demás debido a su sensibilidad. Aun así, no sienten la misma conexión que sentiría un empático.

Ser un empático no significa necesariamente que usted sea sensible de la misma manera que lo es una PAS. Los factores diferenciadores son los profundos lazos que usted siente con las experiencias o condiciones de los demás cuando es un empático. En pocas palabras, una PAS es sensible a los estímulos, mientras que un empático es sensible a las personas. Aunque esta diferencia es profunda, ambas pueden sufrir muchos de los mismos desafíos, como establecer límites sólidos. Una PAS traza líneas para evitar situaciones desencadenantes, mientras que un empático lo hace para protegerse de perderse completamente en los problemas de quienes lo rodean.

Ser un empático altamente sensible puede ser bastante complicado porque no solo se estimula con facilidad, sino que también experimenta las emociones de los demás como si fueran propias. Tanto los empáticos como las PAS necesitan tomarse en serio el cuidado personal para poder volver a centrarse y analizar lo que es importante para ellos. Como empático, su brújula emocional debe estar bien calibrada para que pueda permitir que guíe sus decisiones en lugar de caer en la trampa de verse arrastrado en un millón de direcciones diferentes. Además, esa brújula le permite abogar por sí mismo cuando está siendo maltratado o abusado narcisistamente.

Los empáticos están orientados al servicio, por lo que tienen un papel único que desempeñar en la sociedad. Ser capaz de imaginarse en el lugar de otra persona le proporciona una visión más amplia de los problemas sociales y los conflictos interpersonales, por lo que puede contemplar un escenario desde varios ángulos. Sentir las emociones de los demás y encarnar sus percepciones le coloca en la posición perfecta para encontrar soluciones que puedan alinear muchos puntos de vista conflictivos para crear paz a partir del caos. Los empáticos son mediadores y pacificadores naturales, dos cosas que un mundo cada vez más polarizado necesita desesperadamente.

Tipos de empáticos y rasgos de personalidad

Hay muchos tipos diferentes de personas, todas con sus propias formas únicas de expresarse. Lo mismo ocurre con los empáticos, por lo que utilizar un término paraguas para todas las personas empáticas no tendría sentido. Sin embargo, hay rasgos comunes que suelen mostrar los distintos tipos de personas empáticas.

Los empáticos tienden a ser introvertidos. Experimentar constantemente las emociones y los estados de ánimo de las personas que lo rodean lo obligará a pasar mucho tiempo a solas. Los empáticos absorben las emociones de las personas con las que están en contacto, lo que significa que interiorizan las penas, las pruebas o los altibajos por los que pasan los demás. Esta constante montaña rusa emocional puede ser una carga tan pesada que los empáticos se aíslan para conseguir un respiro del constante retorcimiento de los sentimientos que absorben.

La naturaleza introvertida de los empáticos hace que pasen mucho tiempo solos para alejarse de los demás. Es fácil que un empático confunda los sentimientos de los demás como propios. Meterse en un capullo social les permite disponer de cierto espacio para procesar sus pensamientos y emociones sin ninguna influencia exterior. Su tiempo a solas es como una sesión de enraizamiento. En ella, tienen la oportunidad de procesar por fin lo que está ocurriendo en sus vidas. Esta rutina de puesta a tierra es esencial para evitar caer en una espiral de ansiedad y depresión. Para un empático, diferenciar sus emociones de los sentimientos de otras personas es tan difícil que un tiempo a solas le da la oportunidad de organizar y separar sus sentimientos e identificar sus orígenes. El trabajo emocional es importante para todos porque los sentimientos motivan gran parte de las acciones de la humanidad, pero para el empático, este trabajo es aún más crucial debido a la intensidad y frecuencia con la que se manifiestan los cambios emocionales.

No todos los empáticos experimentan su conexión intuitiva con los demás de la misma manera. Existen cuatro grupos principales de empáticos: cognitivos, emocionales, físicos e intuitivos. Nadie encaja perfectamente en ninguna de estas categorías porque hay solapamientos, pero un individuo puede relacionarse más con un grupo que con otro. Los empáticos cognitivos son excelentes para calibrar lo que piensa la gente. Los empáticos emocionales sintonizan con los sentimientos de los demás, lo que los hace susceptibles al abuso narcisista. Los empáticos físicos pueden experimentar fácilmente los síntomas corporales de quienes los rodean. Si alguien siente náuseas, a un empático físico también se le revolverá el estómago. Los empáticos intuitivos parecen ser mágicos o psíquicos porque intuyen con facilidad lo que alguien está pensando y sintiendo, aunque exhiban expresiones físicas mínimas de su propio estado de ánimo.

Algunos empáticos no se limitan a conectar solo con los humanos. También sienten un profundo parentesco con las plantas y los animales. Son sensibles a la angustia del mundo natural y suelen ser ecologistas. El enfoque que tienen los empáticos en ayudar a los demás, incluidos los no humanos, los convierte en personas perfectas para convertirse en sanadores, defensores, mediadores y cualquier otra función que necesite a alguien que se preocupe de verdad.

Hipersensibilidad espiritual e intuición empática

La espiritualidad puede ser bastante difícil de definir claramente con tantas perspectivas diferentes. Si pregunta a diez personas, obtendrá diez respuestas diferentes. Una de las principales coincidencias expresadas en muchas tradiciones espirituales y religiones es la conexión de todo. Usted es responsable de la gente y del mundo que lo rodea. Esta idea queda perfectamente plasmada en el concepto sudafricano de «Ubuntu», que puede traducirse libremente como «Soy un humano porque tú eres un humano». Por lo tanto, la mayoría de los sistemas y creencias espirituales pueden desglosarse en la idea fundamental de que las personas deben vivir para maximizar el bienestar de quienes los rodean.

La hipersensibilidad espiritual de los empáticos los hace muy conscientes de la idea de que todo y todos estamos conectados de formas que van más allá de la comprensión humana. A muchos empáticos les cuesta diferenciar sus pensamientos y emociones de los de las personas que los rodean. Los empáticos pueden llegar a ser tan conscientes de las sutilezas de la existencia que pueden predecir el futuro. Algunas personas dan un giro sobrenatural a las capacidades casi psíquicas de los empáticos, pero se debe más a que son capaces de observar los detalles finos y los pequeños cambios en la energía de las personas. Cuando siente emociones, su cuerpo experimenta cambios fisiológicos. El nerviosismo puede hacerlo sudar. La ira puede hacer que aumente su ritmo cardíaco. Algunos de estos cambios son más evidentes que otros. La hipersensibilidad espiritual de un empático es la capacidad de observar los cambios más pequeños y hacer predicciones calculadas del estado emocional o mental de un individuo que la mayoría de la gente no captaría.

La sensibilidad y la intuición de los empáticos pueden ser explotadas en su beneficio o utilizadas por otros para perseguir sus objetivos. A pesar de lo sensibles que son muchas personas empáticas, a veces tienen dificultades para juzgar los motivos de los demás porque enmarcan la negatividad en el hecho de que una persona se siente herida, en lugar de considerarla una señal de que tienen intenciones nefastas. Como empático, tiene que mantenerse siempre alerta. A diferencia de la mayoría de las personas que tienen que esforzarse por atender a la gente que los rodea, los empáticos funcionan de forma opuesta, en la que tienen que esforzarse por ser un poco egoístas para que no se pasen por alto sus necesidades. La inclinación natural del empático es disminuirse a sí mismo para poder elevar a los demás, por lo que son el blanco perfecto para los narcisistas que requieren una validación constante, algo que los empáticos pueden proporcionarles libremente.

Desafíos de ser un empático

Ser un empático requiere que permanezca constantemente alerta ante las personas que buscan aprovecharse de su bondad. Algunos buscan utilizar su energía curativa y receptora para elevarse a su costa. El acto de equilibrio de querer abrirse al mundo y al mismo tiempo cuidarse de ser utilizado y abusado puede ser bastante abrumador. El reto central de un empático es averiguar cómo cumplir su deseo de ayudar a los demás, sin destruirse a sí mismo en el proceso. Evitar convertirse en un mártir o en una víctima en la búsqueda del servicio desinteresado puede ser un reto difícil de sortear. La habilidad clave que debe aprender un empático es el egoísmo. No puede seguir alimentando emocional y físicamente a los demás porque, al poco tiempo, empieza a pasarle factura a usted, a menudo de forma desastrosa.

Por mucho que la empatía pueda ser un don, también puede conducirlo al abismo si no se gestiona de forma saludable. Los empáticos pueden agotarse tanto emocionalmente debido a las exigencias que se imponen a sí mismos que sus vidas pueden estancarse. Pueden exigirse a sí mismos niveles irrazonables porque no quieren defraudar a la gente. Es imposible verter de una taza vacía. El agotamiento emocional es consecuencia de unos límites débiles y de no permitirse el tiempo necesario para repostar y mantener el vehículo que es su empatía. El reto de agotarse emocionalmente es un problema siempre acuciante que un empático tendrá que gestionar a lo largo de su vida.

Recuperarse del agotamiento emocional puede llevar mucho tiempo. Al tratar con un empático, puede haber ocasiones en las que se dé cuenta de que se invirtió mucho en muchos proyectos, solo para que desaparecieran de la faz de la Tierra. Este proceso de «todo y luego nada» puede ser muy peligroso porque comunica incoherencia a los demás. Para mantener eficazmente su bienestar, el empático necesita pisar el freno antes de esforzarse demasiado. Tomándoselo con calma, pueden dar con coherencia sin entrar en una espiral. Los empáticos tienen un pozo para los demás, pero parece que su empatía hacia sí mismos está estrictamente racionada. Adoptar una rutina diligente de autocuidado como empático es crucial para su éxito.

Uno de los retos centrales a los que debe enfrentarse un empático es la manipulación. El hecho de que alguien tenga dificultades y usted pueda empatizar profundamente con él no significa que tenga que resolver el problema. Al igual que la gente utiliza su físico para manipular a los demás con el miedo, muchas personas utilizan las emociones para conseguir lo que quieren. Como empático, puede ser fácil caer en el ciclo de ser un felpudo debido a su miedo a decepcionar a la gente. Superar los retos de ser manipulado y utilizado requiere establecer límites firmes en lo que se refiere a su tiempo y sus acciones, así como estar lo suficientemente atento para reconocer quién tiene su mejor interés en el corazón.

Empatía oscura

Los empáticos oscuros utilizan su sensibilidad a las emociones, pensamientos y percepciones de quienes los rodean para manipular. El empático oscuro nace cuando una persona empática tiene cualidades narcisistas. En lugar de sentir por lo que está pasando la gente y buscar ayudarla, el empático oscuro utiliza a las personas como peones para ganar atención, favor y éxito. Ser capaz de comprender lo que motiva o mueve a la gente los coloca en la posición perfecta para operar de forma maquiavélica, donde las personas se convierten en peldaños hacia su siguiente nivel. Un empático oscuro es el típico lobo con piel de cordero que se pasea como si se preocupara por usted, pero en el fondo de su mente está tramando cómo puede llevarlo a donde quiere que esté.

Los mejores ejemplos de empáticos oscuros son los líderes de las sectas. El líder medio de una secta está muy sintonizado con las emociones y percepciones de sus grupos. De lo contrario, no podrían ejercer el alto nivel de control que ejercen. Convencen a sus seguidores de que están ahí para elevarlos y curarlos mientras los explotan a cambio de dinero, atención y dedicación. La espada de doble filo de la empatía y el narcisismo puede blandirse con saña para colocar a las personas en posiciones en las que nunca imaginaron estar. Es difícil detectar a un empático oscuro porque ocultan bien sus motivos y, como un camaleón, cambian en función de aquello a lo que usted se muestre receptivo. Si necesita un padre, serán paternales. Si necesita un amigo, serán amistosos. Los empáticos oscuros son algunos de los individuos más peligrosos del planeta porque pueden ocultarse muy bien.

¿Es usted un empático?

Aunque la siguiente prueba no es una herramienta clínica, puede orientarle en la dirección correcta.

Elija las respuestas que más se ajusten a cómo se siente.

¿Se emociona cuando ve llorar a alguien?

1. Totalmente en desacuerdo.
2. En desacuerdo.
3. Algo de acuerdo.
4. De acuerdo.
5. Totalmente de acuerdo.

Si se entera de una buena noticia de un amigo, se emociona por él.

1. Totalmente en desacuerdo.
2. En desacuerdo.
3. Algo de acuerdo.
4. De acuerdo.
5. Totalmente de acuerdo.

A menudo se encuentra preocupado por la gente incluso cuando no están cerca.

1. Totalmente en desacuerdo.
2. En desacuerdo.
3. Algo de acuerdo.
4. De acuerdo.
5. Totalmente de acuerdo.

Puede saber que alguien se siente mal incluso cuando finge estar bien.

1. Totalmente en desacuerdo.
2. En desacuerdo.
3. Algo de acuerdo.
4. De acuerdo.
5. Totalmente de acuerdo.

Cuando alguien tiene problemas, su primer pensamiento es ofrecerle ayuda.

1. Totalmente en desacuerdo.
2. En desacuerdo.
3. Algo de acuerdo.
4. De acuerdo.
5. Totalmente de acuerdo.

Usted es la persona de su familia o de sus grupos sociales en la que la gente confía cuando se trata de problemas emocionales.

1. Totalmente en desacuerdo.
2. En desacuerdo.
3. Algo de acuerdo.
4. De acuerdo.
5. Totalmente de acuerdo.

No se molesta cuando alguien se desahoga con usted.

1. Totalmente en desacuerdo.
2. En desacuerdo.
3. Algo de acuerdo.
4. De acuerdo.
5. Totalmente de acuerdo.

Cada vez que emprende una acción, piensa en cómo afectará a las personas que lo rodean.

1. Totalmente de acuerdo.
2. En desacuerdo.
3. Algo de acuerdo.
4. De acuerdo.

5. Totalmente de acuerdo.

Se entristece cuando oye noticias horribles sobre alguien que no conoce.

1. Totalmente de acuerdo.
2. En desacuerdo.
3. Algo de acuerdo.
4. De acuerdo.
5. Totalmente de acuerdo.

Hacer que la gente se sienta mejor le resulta fácil.

1. Totalmente de acuerdo.
2. En desacuerdo.
3. Algo de acuerdo.
4. De acuerdo.
5. Totalmente de acuerdo.

Su intuición sobre lo que necesita la gente es fuerte, incluso cuando no expresan sus deseos.

1. Totalmente de acuerdo.
2. En desacuerdo.
3. Algo de acuerdo.
4. De acuerdo.
5. Totalmente de acuerdo.

Llora cuando escucha canciones tristes o ve una película triste.

1. Totalmente en desacuerdo.
2. En desacuerdo.
3. Algo de acuerdo.
4. De acuerdo.
5. Totalmente de acuerdo.

Desvivirse por ayudar a los demás se siente como algo natural.

1. Totalmente en desacuerdo.
2. En desacuerdo.
3. Algo de acuerdo.
4. De acuerdo.
5. Totalmente de acuerdo.

Se relaciona con las luchas de la gente, aunque usted mismo no haya experimentado adversidades similares.

1. Totalmente en desacuerdo.
2. En desacuerdo.
3. Algo de acuerdo.
4. De acuerdo.
5. Totalmente de acuerdo.

Se encuentra defendiendo a las personas cuando se habla de ellas y no están cerca.

1. Totalmente en desacuerdo.
2. En desacuerdo.
3. Algo de acuerdo.
4. De acuerdo.
5. Totalmente de acuerdo.

Junto a cada una de las opciones de «Totalmente en desacuerdo, En desacuerdo, Algo de acuerdo, De acuerdo y Totalmente de acuerdo», hay un número que va del uno al cinco. Sume el total de sus respuestas. Si obtuvo 60 o más, es probable que sea usted un empático. Cuanto más alto sea su número, más empático es usted. Si obtuvo 30 o menos, se encuentra en el extremo inferior del espectro de la empatía. Recuerde que esta prueba no es un diagnóstico clínico. Está diseñado para orientarle en la dirección correcta y ayudarlo a navegar por su vida de la mejor manera posible para su personalidad y temperamento.

Capítulo 2: Desenmascarar al narcisista

El primer paso para escapar y recuperarse del abuso narcisista es comprender el funcionamiento interno de la mente de un narcisista. Cuando la gente se refiere a un narcisista, normalmente están hablando de alguien con trastorno de personalidad narcisista, (NPD, por sus siglas en inglés). Muchas personas con este trastorno de la personalidad no están diagnosticadas, pero hay algunos patrones de comportamiento a los que puede prestar atención. Un narcisista puede definirse como un individuo que tiene una percepción grandiosa de sí mismo, que carece de empatía y que requiere la admiración constante de las personas que lo rodean.

Es difícil detectar a un narcisista porque son una especie de camaleón social. Pueden transformarse en exactamente quien usted necesita que sean en un momento. Sus acciones están cuidadosamente preparadas para mantenerlo a usted en la posición exacta para proporcionarle la validación social que necesitan. Cuando un narcisista se da cuenta de que usted se está alejando, puede hacer cambios temporales para apaciguarlo y mantener su grifo de validación fluyendo para llenar su pozo de grandiosidad.

Para escapar de un narcisista, hay que comprender su funcionamiento interno y quitarle la máscara

https://www.pexels.com/photo/woman-about-to-wear-half-face-mask-2263189/

Un narcisista tiene un sentido exagerado de sí mismo, pero se basa en una profunda inseguridad y en una necesidad de afirmación constante de su supuesta grandeza. A menudo exagerarán o mentirán sobre lo que han logrado. El comportamiento que muestran hacia otras personas se basa en el valor calculado que una persona tiene, así como en la forma en que puede contribuir al mundo idealizado que el narcisista está construyendo. Las personas narcisistas se obsesionan con el éxito y las múltiples formas que adopta, ya sea social o financieramente. La vida es una competición para ellos, y cada interacción es un juego de manipulación.

Los narcisistas creen que son especiales, por lo que desean la validación de las personas a las que perciben como extraordinarias también. Su derecho, unido a su ambición, los lleva a pisotear sin pudor a quien haga falta para conseguir esa admiración que ansían incesantemente. A menudo se sienten con tanto derecho a un trato privilegiado que pueden llegar a ser extremadamente agresivos si no se salen con la suya. Su derecho y su grandiosidad dan lugar a un comportamiento inapropiado y agregado que rebaja tanto a los demás que puede convertirse en una espiral de abuso emocional y psicológico desinhibido.

Tipos de narcisistas

Identificar a un narcisista puede ser difícil porque tienden a esconderse a plena vista. Además, la forma en que se presentan los narcisistas puede diferir de una persona a otra. Para entender qué es el narcisismo, primero debe comprender la gran variedad de formas en que se manifiesta este trastorno de la personalidad. Existen seis expresiones principales del comportamiento narcisista: narcisismo manifiesto, encubierto, antagonista, comunitario, maligno y grandioso. Normalmente, las expresiones narcisistas son desadaptativas o adaptativas. Los rasgos narcisistas desadaptativos se refieren a comportamientos socialmente inaceptables como la agresividad extrema o el «tener derechos». Los rasgos narcisistas adaptativos, como la confianza en uno mismo y la voluntad de atribuirse el mérito cuando es debido, pueden ser útiles.

El narcisismo no es un trastorno de personalidad con características de todo o nada. Los comportamientos narcisistas existen en un espectro. En un lado, están los empáticos y, en el otro, las personas que presentan los niveles más altos de NPD. La mayoría de las personas se sitúan en algún punto intermedio, en el que actúan de forma egoísta y manipuladora para satisfacer intereses propios grandiosos. En otras ocasiones, se comportan desinteresadamente, anteponiendo a los demás. Un narcisista deja que domine su ambición egoísta, pero hay grados en los que puede existir esta grandiosidad.

Narcisismo manifiesto

El narcisismo manifiesto, o narcisismo grandioso, es lo que la mayoría de la gente imagina cuando piensa en una persona narcisista. Esta forma de narcisismo se define por la extraversión y la franqueza. La opinión que un narcisista manifiesto tiene de sí mismo está inflada mucho más allá de lo que refleja la realidad. Por ejemplo, pueden pensar que son más inteligentes o capaces de lo que son, lo que los hace parecer arrogantes. Estos individuos no son agradables y suelen pensar que son más inteligentes emocionalmente que otras personas. La forma en que menosprecian a los demás puede hacer que traten a la gente con fría indiferencia. Además, rara vez experimentan emociones negativas como la tristeza o la soledad.

Muchas personas que ocupan altos cargos de poder son narcisistas manifiestos. La ambición ligada a este trastorno de la personalidad puede utilizarse como combustible para impulsarlos a realizar las maniobras sociales y de creación de redes necesarias para escalar en las jerarquías sociales. Supongamos que un narcisista cree que es mejor que todo el mundo. En ese caso, esto puede proporcionarles la ventaja necesaria para gamificar todas sus interacciones sociales. Si ve la vida como una competición constante, esto puede motivarlo a asegurarse de salir del lado ganador. Sin embargo, el narcisismo manifiesto también puede ser contraproducente porque ciertos rasgos asociados al trastorno provocan un comportamiento antisocial.

Narcisismo encubierto

El narcisismo encubierto es más difícil de identificar. Este grupo suele hacerse la víctima y busca validación a través de la simpatía. Pueden ser inseguros y tener baja autoestima. Su búsqueda de validación está fuertemente alimentada por las insuficiencias que ven en sí mismos. Son menos autoritarios que un narcisista manifiesto y tienden a ser introvertidos. A diferencia de sus homólogos manifiestos, son propensos a experimentar emociones desagradables como la depresión y la ansiedad. Los narcisistas encubiertos suelen elaborar historias sobre cómo el mundo entero está en su contra y cómo están mejor solos.

Narcisismo antagonista

Esta es otra forma de narcisismo manifiesto, pero se centra más en los rasgos competitivos. Este grupo lleva al siguiente nivel la percepción de la vida como un juego. También buscan siempre superar a la gente y no se oponen a pisotear a las personas o a utilizar la manipulación astuta para destruir la reputación de sus supuestos oponentes. Pueden recurrir a medios oscuros para conseguir admiración y validación. Guardan rencor, abrazan el conflicto y adoran una buena discusión. Los narcisistas antagónicos pueden ser muy manipuladores porque ven a las personas como peones para salir adelante en la competición de la vida. También tienden a desconfiar fácilmente de la gente, sobre todo porque piensan que los demás traman lo mismo que ellos.

Narcisismo comunal

El narcisismo comunitario es directamente opuesto al narcisismo antagonista. Estos individuos se ven a sí mismos como virtuosos, moralmente superiores y altruistas. Cuando sientan que algo es injusto, tendrán una respuesta contundente. La diferencia entre alguien que aboga de verdad por la gente o participa en el activismo y un narcisista comunitario es que adoptan posturas morales virtuosas solo para que se los alabe. A menudo no tratan a las personas más cercanas a ellos en consonancia con los valores que pretenden tener. Por ejemplo, alguien puede afirmar que defiende el feminismo mientras trata terriblemente a las mujeres de su vida.

Narcisismo maligno

El narcisismo maligno lleva el narcisismo antagonista un paso más allá. Estos individuos prosperan haciendo daño a otras personas para llamar la atención. A menudo infringen la ley y participan en conductas temerarias. Los narcisistas malignos son típicamente irresponsables y tienen poca consideración por la seguridad de los demás. Este grupo puede ser encantador, pero no se oponen a atacar el carácter de alguien para parecer superiores. A menudo se los considera sociópatas porque parecen carecer de conciencia. Su comportamiento antisocial puede volverse hostil y a veces violento, ya que buscan la aclamación por medios contundentes.

La máscara narcisista y el falso yo

Una mujer divorciada que sufrió años de abuso narcisista habló de cómo luchaba para que la gente comprendiera las penurias que estaba pasando con su ex marido narcisista. Explicó que él se presentaba en su lugar de trabajo y la invitaba a comer o le dejaba flores, colmándola de afecto delante de sus colegas. Sus compañeras de trabajo comentaban a menudo lo afortunada que era por tener un hombre que se preocupaba tanto por ella. Sin embargo, aquello no era más que una fachada que él montaba para ganarse la aprobación y la admiración de las personas más cercanas a su ex mujer. Mantuvo la actuación durante años, convenciendo incluso a sus amigos y familiares de que era un buen marido y de que debía arreglarlo con él cuando ella hablaba de dejarlo. Sin embargo, en casa, entre bastidores, la reprendía constantemente y le decía lo inútil que era como esposa. El maltrato emocional y psicológico acabó convirtiéndose en físico, lo que la llevó a marcharse al cabo de un tiempo, para sorpresa de su familia y amigos, que pensaban que su maltratador era el Sr. Maravilloso.

Este cambio de forma es la forma en que los narcisistas pueden poner a la gente en su contra. El *gaslighting*[1] es entonces perpetuado por los miembros de la familia y los amigos que empiezan a creer que usted es el loco o el delirante. El narcisista consigue ser abusivo y el héroe racional al mismo tiempo. Estar en la posición de tener que convencer a la gente de que se encuentra en una situación terrible mientras minimizan su dolor es desgarrador. Por eso, crear distancia con el narcisista es su mejor opción, porque no es sano vivir en un entorno en el que se ve obligado a dudar constantemente de sí mismo.

El narcisismo necesita que la gente tenga una opinión elevada del narcisista para que las percepciones sociales puedan alinearse con la visión grandiosa que tienen de sí mismos. No tienen ningún problema en utilizar el engaño para lograr este objetivo. Pueden cambiar su carácter como un camaleón para adaptarse a lo que más valora la persona con la que se relacionan. De este modo, los narcisistas obtienen los tan necesarios elogios que ansían constantemente. Bajo la máscara puede haber sentimientos de inseguridad, celos y rabia, pero no pueden revelarlo porque los dejaría vulnerables a las críticas. El falso yo se desarrolla como una forma de armadura porque muchas personas narcisistas experimentan algún tipo de abandono o trauma. Al principio de sus vidas, aprenden a elaborar una versión de sí mismos que los protege de ser heridos o defraudados, al tiempo que permite que los demás los elogien o les presten atención.

La base principal del narcisismo es la inseguridad. Existe una preocupación constante de que la gente no los perciba como dignos. Se utiliza una máscara para ocultar esta inseguridad bajo la fachada de la confianza, o incluso del autodesprecio en el caso del narcisista encubierto. Solo unos pocos consiguen asomarse tras la ventana una vez que la máscara se desliza. Los narcisistas suelen responder de forma violenta o agresiva cuando alguien les llama la atención porque prefieren que la gente tenga una respuesta de miedo o antagonista en lugar de ver la vulnerabilidad enterrada bajo las mentiras y la manipulación. La máscara no es tanto un disfraz como un escudo para protegerse de la inestabilidad de su mundo interior.

---

[1] N. de la T. *Gaslighting* se traduce al español como «hacer luz de gas a alguien» o «manipular».

Lagunas disociativas

El narcisismo es una forma de disociación. El individuo narcisista intenta distanciarse de la negligencia, el trauma o el abuso que ha experimentado en su propia vida. Crean esta distancia disociándose en personajes grandiosos, manipuladores y con derecho en un intento de construir una fortaleza de protección en torno a la confusión psicológica que experimentan. El fenómeno de la brecha disociativa se produce cuando un narcisista borra los recuerdos de situaciones en las que no salió victorioso. Por ejemplo, usted puede haber señalado algunas incoherencias en lo que decían mientras discutían, por lo que ellos aceptaron que estaban equivocados. Cuando ocurra algo similar, y usted mencione la última vez que hablaron de ello, se comportarán como si esa conversación nunca hubiera tenido lugar.

Confabulación

La disociación es la pérdida de recuerdos, mientras que la confabulación es la creación de otros nuevos. Los narcisistas construirán narrativas elaboradas que apoyen su estado emocional y mental. Por ejemplo, un narcisista reflexionará sobre una discusión pasada con su pareja y reformulará todo el escenario para que él parezca la víctima mientras que su pareja es descrita como un terrible maltratador. La confabulación protege a los narcisistas de la verdad de sus acciones negativas para que puedan mantener su grandiosa visión de sí mismos. Los recuerdos son malinterpretados, tergiversados o incluso falsamente construidos para ganarse el favor y deconstruir cualquier desafío a la falsa perfección del narcisista.

Estrategias y consejos de afrontamiento

Lo mejor que puede hacer para protegerse del abuso narcisista es alejarse del abusador. Sin embargo, viendo cómo ciertas circunstancias pueden obligarle a quedarse eso no siempre es posible. Si lo es, poner fin a la relación lo liberará del ciclo constante de tormento emocional y psicológico. Es difícil conseguir que un narcisista se reforme y, como víctima, esa responsabilidad no debería ser suya. Después de que su vida se haya centrado en las exigencias y deseos de un narcisista, la separación puede recalibrarlo para que se centre en usted mismo y en su propio bienestar. El abuso narcisista le permite convertirse en un personaje de la historia delirante de otro, por lo que apartar a un narcisista de su vida le permite recuperar su identidad sin filtros, lejos de «las cáscaras de huevo» sobre las que una vez tuvo que caminar.

Por mucho que sea deseable buscar venganza, la represalia solo le hará sentirse bien en el momento, pero no hay ningún beneficio a largo plazo. Devolver la pelea juega a favor del narcisista porque se le da combustible que puede contorsionar para que encaje en sus propias narrativas. Es mejor permanecer neutral y desahogarse con otras personas en lugar de enfrentarse directamente al narcisista. Este conflicto directo puede ponerlo en peligro porque algunas personas narcisistas están motivadas para salir vencedoras en cualquier conflicto, por lo que hay niveles a los que se rebajarán que usted puede no estar dispuesto a aceptar. La venganza no servirá a su bienestar. Conseguirá lo contrario al introducir más estrés y ansiedad en su vida. El juego del ojo por ojo de las represalias es interminable, por lo que se sumirá constantemente en una espiral de miseria.

Sus límites son su protección contra el abuso narcisista. Haga saber a la persona qué tipo de comportamiento no tolerará y deje claras las consecuencias por transgredir el límite. También es importante cumplir las consecuencias establecidas para que la persona vea que usted habla en serio. Para establecer un límite, diga algo como: «No me gusta que utilices esas palabras insultantes para referirte a mí. Deje de utilizar esas palabras o me iré y no te hablaré». Algunos límites no necesitan establecerse explícitamente y pueden ir más en la línea de controlar su tiempo y su espacio. Por ejemplo, si alguien espera que deje lo que está haciendo para atenderlo, debe dejar claro que no puede ayudarle porque está ocupado. Pasar menos tiempo cerca de un narcisista también podría considerarse como imponer un límite porque usted se está adueñando conscientemente de su tiempo y su espacio. Ponga límites al acceso que un narcisista tiene a usted y asegúrese de que cualquier encuentro se produzca en un contexto en el que usted se sienta cómodo.

Tener un sistema de apoyo fuerte también es ventajoso. Confiar en otras personas puede ayudarle a superar situaciones difíciles, y su presencia podría ofrecerle el apoyo que necesita para mantener la cordura. Un narcisista puede replantear toda su realidad, por lo que tener amigos y familiares en los que confiar fuera de una relación narcisista puede ayudarle con lo que es aceptable y lo que es inapropiado. Una vez que ponga fin a una relación narcisista, su sistema de apoyo puede ayudarle a superar el dolor de romper esa conexión tóxica. Las personas que se preocupan por usted pueden ayudarle a través del viaje de procesar su abuso y recuperarse con una profunda curación e introspección.

El cuidado propio es crucial para cualquiera que esté en una relación con un narcisista. La admiración y la afirmación interminables que requiere un abusador narcisista pueden descarrilarlo tanto que se olvide de sí mismo. Los narcisistas suelen ejercer el abuso emocional convenciendo a las personas de que no valen nada. Una sólida rutina de autocuidado le recuerda físicamente que usted es digno de positividad. El autocuidado puede ser tan sencillo como darse un largo baño relajante o salir a correr para despejar la mente. Incluso podría salir a comer con unos amigos y tomarse un día para disfrutar.

Comunicarse con un narcisista

A veces, navegar por una conversación con una persona narcisista parece como si estuviera caminando de puntillas por un campo de minas. Con unos pocos ajustes en su estilo de comunicación y en su mentalidad, podrá conversar con un narcisista de forma que esté protegido y consiga transmitir su punto de vista. Lo primero que debe recordar es que no quiere darles a probar de su propia medicina menospreciándolos o invalidando sus percepciones. Abordar una conversación con la mentalidad de que si ellos caen bajo, usted caerá más bajo no mejorará la situación. Adoptar los mismos hábitos conversacionales negativos de un narcisista solo aumentará exponencialmente la toxicidad de la relación.

Una técnica de comunicación estupenda y saludable es utilizar frases con «yo». Son frases que empiezan por «yo», como «yo oigo», «yo quiero» o «yo siento». Estas afirmaciones son útiles porque enmarcan la conversación desde su perspectiva en lugar de señalar lo que hace el narcisista. Cuando utiliza afirmaciones centradas en atacar o culpar, puede provocar un lío conflictivo. Decir lo mismo de forma diferente puede tener un gran impacto en cómo se relaciona con los demás. Por ejemplo, «Me hiciste sentir fatal cuando tú hiciste eso» no tiene el mismo impacto que «Me siento fatal porque dijiste eso». La primera frase que empieza con el «tú» resulta más confrontativa, mientras que la segunda comunica más sobre su estado interno en lugar de utilizar un lenguaje culpabilizador.

Debe saber cuándo poner fin a la conversación. Cuando se sienta extremadamente invalidado y manipulado porque sus puntos de vista se pasan por alto y se reformulan negativamente, puede que sea el momento de alejarse. Hay un punto en una conversación en el que no se puede llegar a ninguna resolución porque ambas partes son inamovibles. Cuando el narcisista se mantiene firme en su engañosa manipulación y usted se niega a que traspasen sus límites, puede que sea el momento de separarse y tomar algo de espacio. Reconocer desde el principio que no podrá cambiar a un narcisista es liberador porque podrá alejarse fácilmente cuando sus puntos de vista no estén siendo reconocidos.

Los narcisistas nunca quieren asumir la responsabilidad de sus actos y son propensos a culpar a los demás de sus propios defectos. Por lo tanto, cuando se comunique con un narcisista, debe evitar asumir la culpa de cualquier cosa de la que no sea responsable. Defiéndase y exprese sus emociones. Debe estar alerta y reforzar sus límites constantemente. Aunque el narcisista quiera que usted asuma la culpa de su comportamiento negativo, no es culpa suya. No vacile ante la amenaza de una explosión emocional. Es mejor alejarse que plegarse a las exigencias irracionales de un maltratador narcisista.

Capítulo 3: ¿Por qué los empáticos se sienten atraídos por los narcisistas?

Los narcisistas carecen de empatía y no les importan los sentimientos de los demás, mientras que a los empáticos no solo les importan, sino que comprenden las emociones de los demás como si fueran propias. Esto hace que narcisistas y empáticos sean opuestos. Viendo que «los opuestos se atraen», ¿podría ser esta la razón de esta extraña atracción? Sí, pero hay algo más. Existen factores psicológicos complejos y arraigados que contribuyen a este patrón.

Este capítulo arroja luz sobre las complicadas emociones que sienten los empáticos hacia los narcisistas y viceversa.

La atracción entre empáticos y narcisistas

Resulta confuso ver cómo dos personas que no tienen nada en común se sienten atraídas la una por la otra. Eso es algo que escapa al control del empático, ya que tiene su origen en la dinámica psicológica.

Los opuestos se atraen

Muchas personas se sienten atraídas porque son diferentes
https://pixabay.com/photos/dead-end-wrong-way-stop-arrows-43421/

«Los polos opuestos se atraen». Probablemente esa es la razón por la que muchas personas se sienten atraídas la una por la otra y a menudo sienten que comparten una conexión innegable. Los empáticos y los narcisistas no son diferentes. Usted es muy sensible, comprensivo y compasivo, mientras que los narcisistas son manipuladores egocéntricos y no tienen ninguna empatía. Según la psiquiatra Dra. Judith Orloff, los narcisistas encuentran a los empáticos extremadamente atractivos porque su naturaleza bondadosa, entregada y generosa es muy diferente a la suya.

Esta intrigante dinámica da lugar a una poderosa atracción entre estos dos polos opuestos. Tras la atracción inicial, los empáticos se enamoran de la falsa imagen grandiosa y el encanto del narcisista, mientras que los narcisistas viven para la admiración, el amor y el apoyo constantes que el empático les brinda alegremente.

La etapa del bombardeo amoroso

Al observar los rasgos de personalidad de los empáticos y los narcisistas, no encontrará ninguna razón racional para que una persona muy sensible quiera estar en la misma habitación que un narcisista, y mucho menos para sentirse atraída por él. Sin embargo, los narcisistas utilizan el bombardeo amoroso para enmascarar su verdadero yo, apareciendo como individuos cariñosos y atentos para engañar al empático bienintencionado y sin pretensiones.

Los narcisistas se presentan primero como amables, encantadores y ridículamente simpáticos para ocultar sus verdaderas intenciones. Le arrasarán y le bombardearán de amor, y usted experimentará emociones que nunca antes había sentido. Le colmarán de regalos, atenciones, cumplidos y afecto. Se sentirá la persona más afortunada del mundo. Se enganchará a esta droga que le costará soltar.

Dado que los empáticos llevan el corazón en la manga y suelen buscar conexiones más profundas, pueden caer fácilmente en la táctica de bombardeo amoroso del narcisista. Tienen buenas intenciones y creen que todos los demás son como ellos, por lo que nunca suponen que el narcisista tiene un motivo oculto.

Cree que son perfectos y que nadie puede quererlo como ellos. Incluso cuando empiezan a revelar sus verdaderos colores, los pasa por alto porque ya se ha enamorado. Cree que la persona que vio al principio es quien realmente es y pone excusas a su comportamiento malsano.

Cualquiera puede ser presa de las tácticas de un narcisista. No culpe a su naturaleza buena o altamente sensible. No hay nada malo en usted. Solo son expertos manipuladores.

Ilusión complementaria

Cuando un empático y un narcisista se conocen por primera vez, a menudo se hacen la ilusión de que se complementan, ya que tienen personalidades opuestas. El empático quiere ayudar al narcisista y verlo florecer, y el narcisista se deleita con el apoyo emocional que recibe del empático.

Desde fuera, esto puede parecer normal, ya que una persona está dando y proporcionando alimento a su pareja, que necesita curación. Sin embargo, no hay nada normal en un narcisista. Abusará y se aprovechará de la naturaleza bondadosa del empático, creando un desequilibrio en la relación.

Un narcisista seguirá tomando de usted, ya que se vuelve una especie de adicto al alimento emocional que usted le proporciona. Ignorarán sus necesidades, ya que no son tan significativas como las suyas, dejándolo insatisfecho y agotado. La relación puede acabar volviéndose abusiva y tóxica.

La naturaleza vulnerable del empático

Gracias a su naturaleza vulnerable y confiada, los narcisistas no encuentran ninguna dificultad en manipular a los empáticos. Los individuos tóxicos dan luz de gas y hacen sentir culpables a las PAS, haciendo que cuestionen sus sentimientos y pensamientos. Esto deja a los empáticos aislados y confusos y bajo el control del narcisista.

También hacen sentir culpables a los empáticos haciéndoles creer que todo es culpa suya. Como resultado, el empático se doblega para arreglar la situación y volver a ver feliz al narcisista.

¿Cómo puede dejar una relación cuando le hacen creer que la otra persona es perfecta y usted es la que comete errores constantemente?

Emociones intensas

Los empáticos aman con todo su corazón, y sus emociones suelen ser fuertes y profundas, lo que crea una conexión magnética entre ambos. Como resultado, pueden satisfacer las necesidades emocionales de los narcisistas. Sin embargo, no tardarán en utilizar esta conexión a su favor para manipular y controlar a sus víctimas.

Codependencia

Los empáticos suelen buscar la validación en sus relaciones, por eso les gusta cuidar y ayudar a los demás. Cuando un narcisista habla, un empático le prestará toda su atención, se preocupará de verdad y comprenderá todo lo que diga. Darán a los narcisistas la atención y la admiración que ansían, haciéndolos sentir especiales. Los narcisistas apreciarán la amabilidad del empático y se convertirán en una fuente de validación para ellos. Esto crea una dinámica codependiente y tóxica que engancha al empático.

Mirroring

El *mirroring* (*reflejo*) consiste en imitar el comportamiento, las creencias, los intereses o la personalidad de otra persona para crear la ilusión de una conexión profunda. Pensará: «Nadie me entiende como ellos» porque le apoyan, comprenden y escuchan más que nadie. Esta es una de las tácticas más peligrosas y eficaces que utilizan los narcisistas para atraer a sus víctimas.

Pueden incluso reflejar su naturaleza empática, aunque nunca la hayan experimentado. Lo observarán, lo estudiarán y copiarán sus reacciones y respuestas para parecer cariñosos y atentos. Usted se sentirá validado y ellos aparecerán como personas comprensivas y cariñosas.

Falta de límites

A menudo se dice que los límites son los enemigos de los narcisistas porque lo protegen de su manipulación. Sin embargo, los empáticos no saben establecer límites saludables con las personas de su vida. Debido a su naturaleza compasiva y empática, creen que las necesidades de los demás son más importantes que las suyas.

Su falta de límites lo hace atractivo y un blanco fácil para los narcisistas. Utilizan sus numerosas tácticas manipuladoras, como el «muro de piedra» y el «gaslighting», para engañarlo y conseguir que dé prioridad a sus necesidades.

La naturaleza perdonadora de los empáticos

Los empáticos son individuos muy indulgentes, un rasgo que los narcisistas encuentran muy atractivo. Haga lo que haga un narcisista, sabe que usted lo perdonará. Con el tiempo, les resultará fácil manipularle y conseguir lo que quieren de usted.

Por ejemplo, si decide dejar a un narcisista porque no prioriza sus necesidades, puede prometerle que cambiará y pedirle que lo perdone. Dado que los empáticos comprenden que todas las personas son defectuosas y cometen errores, se quedarán y le darán al narcisista una segunda oportunidad, con la esperanza de que algún día cambie.

Sin embargo, esa disculpa nunca es sincera. Es solo una táctica de manipulación. Nunca se consideran a sí mismos como culpables para siquiera querer cambiar.

Los empáticos y la autoinculpación

Cuando las cosas van mal, los empáticos se culparán a sí mismos antes que a sus parejas. Se sienten responsables de los sentimientos de los demás, así que si el narcisista es infeliz, el empático sentirá que es culpa suya. Los empáticos creen que pueden arreglar la situación o a la persona, por eso permanecen en relaciones abusivas más tiempo que los demás. Los narcisistas encuentran estas cualidades muy atractivas.

La falsa personalidad del narcisista

Un narcisista suele transmitir una imagen de persona segura de sí misma y con éxito. Aparecen como personas ambiciosas que nunca se rendirán hasta conseguir sus objetivos. Los empáticos no son tan confiados ni intrépidos, por lo que encuentran estas cualidades seductoras.

Usted está prendado de todo lo que hacen y dicen, y el narcisista estará encantado de tenerlo bajo su hechizo. Lo colmarán de cumplidos y regalos para conseguir que los adore más.

Simpatía y empatía

Los narcisistas se quejan mucho. Sienten que son demasiado buenos para este mundo y no suelen recibir el respeto y el reconocimiento que merecen. Cuando hablan de cómo no se los aprecia, los empáticos mostrarán simpatía y les dirán lo increíbles que son. Esto satisfará el ego del narcisista. A su vez, validarán al empático y lo harán sentirse necesitado, lo que lo atraerá aún más hacia el maltratador.

La naturaleza protectora del narcisista

El narcisista le cubrirá las espaldas y lo protegerá de las agresiones y abusos de otras personas. Sentirá que son ustedes dos contra el mundo. ¿Cómo no enamorarse de ellos?

Lamentablemente, eso también forma parte de su táctica de manipulación, ya que nada de lo que hacen es genuino y únicamente se preocupan por sí mismos. Si se enfadan con usted o deciden marcharse, dejarán de ser su protector y se convertirán en su mayor enemigo.

La naturaleza cuidadora de un empático

Los empáticos tienen una naturaleza afectuosa y compasiva que los motiva a ayudar y curar a los necesitados. Se sienten atraídos por los narcisistas porque creen que pueden arreglarlos. Creen que su narcisismo no es más que una máscara que oculta su «buena naturaleza». Dado que los empáticos anteponen las necesidades de los demás a las suyas, pueden caer fácilmente presas del encanto y los juegos mentales de los narcisistas.

Un narcisista se siente atraído por un empático por las mismas razones. Su buena naturaleza, su amabilidad y su deseo de ayudar constantemente a los demás atraen a los obsesionados por ser adorados y validados. Debido a su buena naturaleza y al deseo de ver lo mejor en los demás, los empáticos no ven o incluso optan por ignorar todas las señales de alarma de los narcisistas.

En las relaciones, los empáticos asumen el papel del cuidador y dan prioridad a las necesidades del narcisista. Son personas dadivosas a las que les encanta que las necesiten. Atenderán las demandas del maltratador y se descuidarán a sí mismos.

Por ejemplo, usted ha estado trabajando duro toda la semana y quiere quedarse en casa y relajarse el fin de semana. Sin embargo, su pareja quiere que los dos salgan con sus amigos. Usted sale todos los fines de semana y esperaba que esta vez pudiera quedarse en casa y relajarse. En lugar de hacer lo que quiere por una vez, decide satisfacer de nuevo sus necesidades porque quiere que sean felices, aunque el precio sea su propia felicidad.

Usted sigue ignorando sus propias necesidades hasta que se olvida de ellas. Ya no recuerda lo que le hacía feliz o le entusiasmaba fuera de su relación. Poco a poco, perderá su identidad y se convertirá en una sombra de su yo anterior.

Dado que los empáticos suelen dar prioridad a las necesidades de los demás, a menudo parecen perfectos a los ojos de los narcisistas, que quieren que todo el mundo gire a su alrededor.

«Puedo arreglarlo»

Cuando un empático conoce a un narcisista y absorbe su energía, se enciende algo en su interior. Ven al narcisista como alguien roto a quien necesitan cuidar y arreglar. Subconscientemente, los empáticos creen que pueden salvar al narcisista de sí mismo y ayudarlo a curarse.

Los empáticos pueden ponerse fácilmente en el lugar de otra persona y comprender cómo se siente. Esta capacidad los impulsa a levantar las cargas emocionales de otras personas y a sanarlas.

El empático tiene buenas intenciones y quiere ayudar de verdad al narcisista. Sienten que si los quieren y apoyan lo suficiente, pueden curar su dolor y sus viejas heridas. Los empáticos creen que pueden cambiar al narcisista para mejor y llenar el vacío emocional que hay en su interior. Estas personas tóxicas confundirán su compasión con debilidad y se aprovecharán de su buena naturaleza.

La Dra. Judith Orloff dice que la atracción tóxica entre un empático y un narcisista puede acabar en desastre. Después de que usted se enamore del narcisista, este ya no necesitará la falsa personalidad que utilizó para engancharlo Su máscara empezará a caer gradualmente, revelando su verdadera naturaleza. Por esta razón, la Dra. Orloff siempre aconseja a sus clientes empáticos que se mantengan alejados de los narcisistas y que nunca desarrollen sentimientos hacia ellos porque no son lo que parecen. También dice que sus palabras a menudo caen en saco roto porque el instinto del empático es utilizar su compasión para arreglar a los demás.

Añadió que los empáticos creen que todos los demás son como ellos. No pueden comprender que otras personas puedan no ser tan empáticas. Creen que si escuchan al narcisista, le dan el amor y lo que necesita, estos maltratadores se curarán. Lamentablemente, haga lo que haga, nunca podrá curar a un narcisista.

Entonces, ¿por qué los empáticos tienen la necesidad de arreglar a los demás? Esto puede estar relacionado con situaciones traumáticas de su infancia y con su niño interior herido. El niño interior es un término acuñado por el psicólogo Carl Jung para referirse a las emociones infantiles de una persona que influyen en sus acciones y decisiones. Si este niño interior estuvo expuesto a experiencias negativas y sufrió traumas emocionales, eso afectaría a sus futuras relaciones adultas. Si los padres del empático eran abusivos, lo más frecuente es que se sintiera atraído por parejas tóxicas.

Un niño maltratado no entiende lo que es estar en una relación amorosa, ya que nunca ha sido testigo de una. Creen que la manipulación y el abuso son una forma de amor. Por esa razón, permanecerán con una pareja insana porque no conocen nada mejor.

Un empático también puede sentirse culpable por no haber curado a sus padres o hermanos maltratadores. Su niño interior herido los impulsará a arreglar a su pareja narcisista.

Los narcisistas también pueden tener un niño interior herido. Quizá sus padres siempre los menospreciaron y nunca los hicieron sentirse lo suficientemente buenos. Entonces crean esta falsa imagen para conseguir cumplidos, respeto y validación para llenar un vacío.

Codependencia

Esta parte del capítulo se centra en conceptos que desempeñan un gran papel en la relación entre el empático y el narcisista.

La primera es la codependencia, que consiste en depender en gran medida de la otra persona en todos los aspectos de su vida y perder su independencia. Básicamente, usted permite que el narcisista defina quién es usted y su autoestima. Ya no es usted su propia persona, sino una extensión de ella. Le cuesta tomar sus propias decisiones y necesita su aprobación antes de tomar decisiones grandes o pequeñas como salir con sus amigos, cortarse el pelo o cambiar de profesión.

La codependencia es el resultado de un trauma, del abandono, de la necesidad de validación o de haber sido criado por un padre codependiente.

Un estudio de caso

Beth era codependiente de su marido, Jack, porque creía que el amor consistía en el sacrificio. Esperaba que su marido le mostrara aprecio y le diera algo a cambio. Como era un narcisista, Jack solo tomaba y la manipulaba para que ella no se quejara.

Beth siguió dando y sacrificándose hasta que se sintió agotada. Finalmente, el hombre se cansó de ella y tuvo una aventura. Beth le propuso a su marido ir a terapia de pareja si quería que le perdonara. Él aceptó, pero se resistió durante las sesiones. La culpaba de todo, incluso de la aventura.

Solo asistió a dos sesiones y se negó a volver. Creyendo que era una pérdida de tiempo, quería que su relación volviera a ser como antes. Sin embargo, Beth se negó y continuó la terapia por su cuenta. Trabajó en su autoestima y en los problemas de la infancia que hicieron que se sintiera atraída por un hombre como Jack, y aprendió a establecer límites más sanos.

En menos de dos años, se divorció y consiguió su independencia. Se convirtió en una empresaria de éxito y se casó con un hombre que la respetaba y apreciaba.

Complejo de salvador

El complejo de salvador es la necesidad malsana de salvar a la gente de sí misma y sacrificar su propia felicidad y sus necesidades en el proceso. En el fondo, algunos empáticos desean desesperadamente sentirse necesitados. Quieren que alguien venga y les diga: «Estoy roto. Por favor, arréglame». Creen que se sentirán valorados, queridos y aceptados si salvan a todo el mundo.

No puede tratar a cada persona como a un teléfono móvil averiado que necesita reparación. Comprenda que no puede salvar a las personas de sí mismas, especialmente a los narcisistas. Se está consumiendo sin motivo.

El complejo de salvador suele provenir de una mala infancia, cuando un empático era responsable de su familia a una edad temprana. Si tuvieron un padre borracho y maltratador al que no pudieron salvar, crecerían queriendo salvar a todo el mundo. Pasarían toda su vida intentando compensar el haber fallado a la persona que más querían salvar. Es una carga innecesaria que se ponen a sí mismos porque los niños no son responsables de las elecciones o los errores de sus padres.

Ejemplo

Linda estaba casada con un narcisista al que le encantaba quejarse. Ella quería salvarlo y siempre trataba de encontrar la manera de resolver sus problemas. Con el tiempo, se dio cuenta de que los narcisistas no buscan soluciones. Solo les encanta llamar la atención y ver que usted se doblega por ellos. Renunció a intentar salvarlo y en su lugar se centró en sí misma.

Vinculación traumática

El vínculo traumático es cuando una víctima forma una relación con su agresor e incluso simpatiza con él. Esto es muy común en las relaciones empáticas y narcisistas. Estas relaciones implican altibajos en los que el narcisista puede ser abusivo un día, y amable y encantador al siguiente. El maltrato suele ir seguido de un gesto amable como una disculpa o una admisión de amor para crear la ilusión de una relación segura y amorosa. Como resultado, puede ser difícil para el empático dejar a la persona tóxica.

En lugar de fijarse en el patrón de comportamiento tóxico, los empáticos creen que son responsables del abuso y del trauma. Se reflejan en sí mismos para ver qué hicieron mal y qué deberían cambiar de sí mismos para evitar el abuso. No comprenden que se encuentran en una situación poco saludable y que no son responsables del comportamiento de los demás.

Ejemplo

María, la mujer de John, siempre lo maltrataba. En una ocasión, estaban celebrando una cena y a él se le cayó un plato y lo rompió. María se puso furiosa y lo insultó delante de su familia y amigos. Cuando su mejor amigo le preguntó por su comportamiento grosero, John la excusó diciendo: «Esto es realmente culpa mía. Debería haber tenido más cuidado con los platos. No siempre es así, pero hoy está estresada por la cena».

Aquí, John mostró dos signos de vinculación traumática al inventar excusas para ella y creer que el abuso era culpa suya.

Los narcisistas son maestros de la manipulación. Pueden detectar a su presa a una milla de distancia. Cualquiera puede caer fácilmente en las tácticas de los narcisistas, no solo los empáticos. Sin embargo, suelen elegir a personas amables y sensibles como usted porque saben cómo manipularlo.

Comprenda que no hay nada malo en ser sensible o empático. Es culpa del maltratador por utilizar su buena naturaleza en su contra. Nunca deje de ser la persona cariñosa y atenta que es. Solo aprenda a liberarse y a protegerse del abuso. En los próximos capítulos aprenderá técnicas eficaces para liberarse del control que el narcisista ejerce sobre usted.

Capítulo 4: Las señales y las etapas del abuso narcisista

El abuso narcisista puede manifestarse de muchas maneras. Un narcisista puede utilizar muchas estrategias para destrozar la confianza de una persona y distorsionar su realidad para apoderarse de ella. Sin embargo, por muy dañinos que sean, los actos de un narcisista no siempre son perceptibles, especialmente para la víctima. Este capítulo aborda las señales y las etapas del abuso narcisista como un paso crucial para ayudar a las personas a reconocer y comprender esta dinámica dañina.

Las señales del abuso narcisista

Existen señales negativas asociados al abuso narcisista

https://www.pexels.com/photo/red-flag-5328666/

El abuso narcisista es increíblemente insidioso. Si usted cede a uno de sus caprichos, al narcisista se le ocurrirá otra exigencia. Para conseguir que usted ceda de nuevo, adoptará un enfoque aún más implacable. Cuanto más ceda usted, más acariciará su ego, amplificando su comportamiento abusivo sin que usted se dé cuenta de lo que está ocurriendo. A continuación encontrará las señales más comunes del abuso narcisista en diferentes relaciones. Tenga en cuenta que no todos los narcisistas utilizarán las mismas tácticas. Aun así, algunas señales son perceptibles en todos los tipos de abuso narcisista.

Gaslighting

Esta es una de las mayores armas del narcisista para apoderarse del control sobre su víctima. Consiste en utilizar técnicas que le hagan cuestionarse su realidad, ya sea:

- Desviando la atención y echándole la culpa a usted cuando se enfrenta a ellos por sus acciones.
- Negando cualquiera de sus fechorías incluso cuando se los confronta con pruebas irrefutables.
- Negando el abuso/maltrato delante de los demás, especialmente amigos y familiares, alejándolo de sus seres queridos.

Cuando estos comportamientos se producen con regularidad, la víctima empieza a creer que está equivocada y comienza a cuestionarse su cordura. Las víctimas del *gaslighting* pierden su sentido de la autoestima, y empiezan a pensar que sus valores y necesidades no importan. Para empeorar las cosas, se quedan solas sin el apoyo y la ayuda de amigos y familiares. Si el *gaslighting* continúa, la víctima empieza a creer que se lo merece porque no puede hacer nada bien. Algunas señales de que usted está sufriendo *gaslighting* por parte de una pareja narcisista incluyen:

- Puede sentir que algo va mal en la relación, pero no puede averiguar qué es.
- Se encuentra ansioso todo el tiempo y le falta confianza en sí mismo.
- Siente que no es la persona que solía ser antes de conocerlo.
- Cree que todo lo malo que le ocurre es culpa suya.
- Cree que todo lo que hace está mal.

Manipulación

Los narcisistas son hábiles en la manipulación emocional. Controlan los deseos y pensamientos de la víctima. Hacen promesas de un futuro feliz y atractivo, pero eso nunca se materializa. Solo lo hacen para mantenerlo bajo su control. Sus comportamientos manipuladores lo dejan confuso y usted no sabe qué creer y qué no, lo que disminuye su autoestima, creándole ansiedad y culpabilidad. La emotividad es una forma única de comportamiento manipulador a través del cual los narcisistas hacen que la víctima se sienta culpable y avergonzada de sí misma y de sus pensamientos, emociones y acciones. En otras palabras, utilizan sus sentimientos en su contra. Impedirle que diga lo que quiere decir y someterlo a la ley del hielo también son formas de técnicas de manipulación emocional que a los narcisistas les gusta utilizar.

Aislamiento

Aislar a la víctima de sus amigos y familiares es otra táctica típica que los narcisistas utilizan para obtener el control absoluto. Hablarán mal de los seres queridos de la víctima e intentarán ponerlos en contra de los demás, creando fricción y falta de confianza entre la víctima y todos los demás fuera de la relación narcisista. Al hacer esto, se aseguran de que la víctima se quede sin un sistema de apoyo que la ayude cuando se produzca el abuso. Además, al conseguir este aislamiento de todo el mundo, el narcisista consigue su objetivo principal, que es convertirse en el centro de su atención. Usted empieza a depender de ellos para obtener validación y apoyo. Se acostumbras a sus comportamientos manipuladores y controladores, olvidando cómo actuar en otras relaciones no abusivas. Esto conduce a aún más problemas sociales y a un mayor aislamiento del mundo exterior. Por desgracia, el aislamiento suele ser precursor de peores formas de maltrato, como el abuso verbal o físico.

Abuso emocional y verbal

El narcisista cuestiona los motivos de la víctima por todo lo que hace o dice y la insulta constantemente. Utilizan palabras despectivas y menospreciativas para hacer que la otra persona pierda la capacidad de confiar en sí misma. Los narcisistas juegan con los sentimientos de la víctima, minando su dolor. Hacen comentarios groseros sobre todo, incluida su forma de vestir, su aspecto físico, sus elecciones, etc., y le ponen todo tipo de apodos hirientes. A veces, intentan hacerlo pasar por una broma o un intento de refuerzo positivo, dejándolo confuso e inseguro. Otras veces, justifican sus acciones afirmando que lo hacen para ayudarle a tener más confianza en sí misma.

Proyección

La proyección implica que el narcisista culpe a la víctima de sus propios problemas personales y malas acciones. Acusarán a la víctima de mentir y ser desconfiada o de hacer algo que no debía, cuando, en realidad, son ellos los que lo hacen. Si intenta enfrentarse a ellos, le acusarán de intentar hacerlos sentir culpables. Así es como desvían la atención del hecho de que son ellos los que le hacen sentir culpable por algo que usted ni siquiera hizo o dijo.

Maltrato físico

En algunos casos, la violencia física también puede indicar abuso narcisista. El narcisista puede herir físicamente a la víctima o causar daños a sus pertenencias mientras afirma que es culpa de la víctima porque no ha actuado de determinada manera o ha hecho algo que ha herido al maltratador. También pueden amenazar con autolesionarse si no se satisfacen sus necesidades. El maltrato físico también puede incluir el control del dinero, el tiempo libre, las opiniones y las interacciones de la víctima con sus seres queridos.

Críticas e insultos

Los narcisistas le critican e insultan continuamente hasta que usted se siente inútil. Acaba creyendo que no puede vivir sin ellos porque le dicen que nadie más soportaría a alguien tan inútil como usted. Hacen esto para parecer superiores a usted y hacerle sentir obligado a seguir su ejemplo, sin importar lo perjudicial que esto sea para su salud y bienestar. Le convencen de que usted siempre se equivoca y ellos siempre tienen razón.

Abuso financiero

Cuando el narcisista toma el control sobre el dinero y los gastos de la víctima, su dominio se amplía aún más. La víctima se encuentra en una situación en la que no tiene ni voz ni voto sobre el dinero que gana. O, pueden vaciar las finanzas de la víctima utilizando la extorsión o simplemente robando el dinero bajo la pretensión de que les pertenece. También pueden crear deudas masivas a nombre de la víctima mientras utilizan el dinero para satisfacer sus deseos y necesidades.

Sabotaje

Los narcisistas suelen sabotear la vida de la víctima interfiriendo en su trabajo y en sus relaciones personales. A menudo lo hacen por venganza por un mal que afirman que hizo la víctima o para aislarla aún más.

Hacer acusaciones y culpar a otros

Los narcisistas acusarán a las víctimas de muchas malas acciones, como engañar, mentir o tener comportamientos poco saludables cuando, en realidad, son ellos los que hacen todo esto. También pueden culpar a otros de sus acciones cuando usted los confronta con sus errores. Son maestros en darle la vuelta a la tortilla, así que cuando los confronte con sus fechorías, se las imputarán a usted y todo acabará siendo culpa suya. Al final, usted se sentirá culpable y avergonzado por un error que no era suyo en primer lugar. Sin embargo, insistirán en que se disculpe y acepte la culpa. En algunos casos, el narcisista actúa de la misma manera con otras personas de su entorno. Cualquier cosa que vaya mal en su vida, nunca es culpa suya.

Las etapas del patrón cíclico del abuso narcisista

La dinámica de una relación con un narcisista puede ser confusa, especialmente para los empáticos. Debido a que su comportamiento abusivo no es tan obvio, especialmente al principio, asimilar lo que está sucediendo puede ser todo un reto. Aunque la vida de un narcisista se centra únicamente en su propio ego, su forma de abordar las relaciones es bastante peculiar. Sus víctimas son absorbidas por un patrón cíclico alucinante llamado ciclo de abuso narcisista, que tiene varias fases y, como su nombre indica, se repite.

Para ayudarle a comprender este ciclo, he aquí un desglose de sus etapas:

Idealización

Todo es felicidad y alegría cuando comienza la relación, especialmente en las relaciones románticas. Está emocionado por conocer a la persona que acaba de conocer y le invade una sensación de euforia cada vez que piensa en ella. En un intento de crear una conexión instantánea con la víctima, un narcisista lleva esto a un nivel completamente nuevo. Durante la fase de idealización, su objetivo es atraer a la víctima, y hace todo lo posible para que esto ocurra. Los narcisistas afirman que no pueden vivir sin la víctima, poniéndola en un pedestal y haciéndole sentir que es perfecta tal y como es. Esto se debe en parte a que los narcisistas creen que han encontrado la perfección y quieren hacer todo lo posible para conservarla.

Cuando se encuentre en el extremo receptor de su afecto, es posible que primero aprecie de verdad sus esfuerzos. Esta etapa también se conoce como aprecio o bombardeo de amor. El bombardeo de amor consiste en colmarle de regalos, amor, afecto y elogios. ¿A quién no le gusta recibir todas estas cosas? Sin embargo, se trata de un movimiento calculado por parte del narcisista, una forma de chantaje emocional disfrazado de afecto. También puede resultar abrumador después de un tiempo, por no mencionar que es solo cuestión de tiempo que se convierta en un comportamiento abusivo.

Tarde o temprano, el narcisista empieza a exigirle que «pague» por toda esa atención consintiéndole a cada paso. Independientemente del tipo de relación que tenga con el narcisista, intentarán pasar todo el tiempo que puedan con usted y le culparán o avergonzarán si quiere pasar tiempo con otra persona. También harán intentos de romper sus límites, aunque sutilmente al principio. Le harán parecer que dependen de usted para su validación y apoyo, haciéndole sentir obligado a pasar más tiempo con ellos. Sin embargo, durante todo este tiempo, le dirán que usted es la mejor persona que conocen y le prometerán lealtad, confianza y una relación duradera con la que podrá contar.

Devaluación

Es entonces cuando comienza el abuso narcisista. En las relaciones normales, las personas caen en una cómoda rutina después de que las primeras oleadas de emoción disminuyen. Todavía le gusta pasar tiempo con esa persona, la quiere, la aprecia o la admira, pero siente que lo mejor está aún por llegar. Es cuando la gente empieza a fortalecer el vínculo en las relaciones resolviendo los problemas y conociéndose a un nivel más profundo. Sin embargo, no es así como se desarrolla una relación con un narcisista. En lugar de aspirar a estrechar lazos, el narcisista empieza a establecer el control empleando todo tipo de tácticas de devaluación. Es entonces cuando se dan cuenta de que lo que creían que era la perfección no era más que una ilusión.

Como la víctima no es perfecta, ya no tiene valor para ellos. Así que intentan añadir valor utilizando a la víctima para alimentar su ego. En consecuencia, el narcisista pasa repentinamente de la admiración a la depreciación comenzando a menospreciarle o a retener algo hasta que pueda obtener algo a cambio. Al principio, puede que solo dejen caer algunas indirectas aquí y allá, insinuando que usted ha hecho o dicho algo malo. Por ejemplo, podrían decir que usted se ha olvidado de hacer algo crucial que le pidieron que hiciera y que ha herido sus sentimientos a propósito. Entonces recurren a tácticas pasivo-agresivas, poniendo excusas por su mal comportamiento, haciendo cumplidos indirectos, utilizando la crítica sutil y jugando a juegos mentales inofensivos.

Entonces, comienzan las evasivas y los insultos, y empiezan a mostrar una falta total de empatía o comprensión hacia sus sentimientos, comparándole con los demás, ridiculizándole y humillándole. Usted se encuentra en situaciones sin salida con ellos día tras día. Si intenta enfrentarse a ellos por su repentino cambio de comportamiento, actuarán como si estuviera loco, diciendo que no han cambiado en absoluto. Usted solo cree que lo han hecho. Actuarán como si fueran la víctima y dirán que es culpa suya si antes tenía una percepción diferente de ellos. Esta es otra técnica de devaluación que utilizan para hacerse con el control sobre usted.

Repetición

Una vez que comienza la devaluación, usted empieza a sentirse confuso, ansioso y deprimido. Aunque no es feliz y no entiende cómo han cambiado las cosas tan rápidamente, sigue teniendo miedo de perder su relación. Lo que hace la mayoría de las víctimas en esta situación es alejarse o esforzarse más por complacer al narcisista. Si opta por distanciarse, el maltratador actuará como si le hubiera herido profundamente y se enfadará por sus acciones. Sin embargo, a medida que usted comience lentamente a recoger los pedazos de su yo anterior, ellos volverán, colmándola de afecto, regalos y cumplidos una vez más. Repiten la fase de idealización para asegurarse de que no abandonará la relación. Durante un breve periodo de tiempo, se mostrarán extremadamente amables, hasta que usted decida intentar salvar la relación. Tan pronto como usted les da otra oportunidad y empieza a tener una renovada sensación de seguridad, los intentos de devaluación vuelven a empezar.

Rechazo

En una relación normal, cuando las dos partes no se llevan bien, intentarán solucionar las cosas o seguirán caminos separados porque se dan cuenta de que pueden prosperar la una sin la otra. Un narcisista simplemente rechazará y descartará a la víctima para seguir adelante y encontrar a otra persona que pueda acariciar su ego. También conocida como etapa de descarte, la fase de rechazo es cuando el narcisista aleja a las víctimas. Por ejemplo, pueden decidir que utilizar a la víctima para inflar su ego ya no merece la pena y decir que han terminado con ella. En este caso, ejecutan un rechazo rápido y duro, saliendo de la vida de la víctima tan pronto como pueden.

El rechazo también puede producirse cuando la víctima finalmente se da cuenta de que su relación no es sana e intenta abandonarla. En este caso, el narcisista intentará repetir todo el ciclo de abuso o abandonar la relación, echando la culpa del fracaso sobre los hombros de la víctima (después de todo, ellos no pueden hacer nada mal, ¡así que es imposible que haya sido culpa suya!) Siguen buscando, no amor, compañía o un sentimiento de pertenencia, sino medios para inflar su ego. Cuando termina un ciclo, el narcisista pasa a empezar otra relación tan rápidamente como lo hizo con usted.

Efectos del abuso narcisista

Independientemente de la duración de su relación con el narcisista, el abuso narcisista tiene efectos tanto a corto como a largo plazo. Sus intentos deliberados y encubiertos de controlarle pueden afectar a su salud y bienestar mucho después de que la relación haya terminado. A continuación, encontrará las formas más comunes en que las víctimas niegan, minimizan o justifican el abuso.

Desarrollar el síndrome de la víctima narcisista

Tras soportar el abuso narcisista día tras día, la víctima queda con dificultades emocionales que lucha por superar. Se sienten desconectadas y confusas, lo que puede empujarlas a la negación. La retahíla de pensamientos y sentimientos negativos llega a ser tal que las víctimas intentarán apartarlos al fondo de su mente y centrarse en el lado positivo de su relación. Pueden decir: «No es tan malo» o «Toda relación tiene sus altibajos». Tratan de justificar las acciones del narcisista diciendo: «Solo dijo/hizo eso porque yo no hice/dije algo bien». O dirán: «No debería haber dicho/hecho eso, y tenían razón al reñirme».

Descuidar los síntomas físicos y mentales

Vivir con una pareja narcisista puede ser inmensamente traumatizante. El trauma reprimido puede manifestarse en síntomas de salud física como dolores de cabeza, problemas digestivos y malestar extremo. Enfrentada a la crítica y la devaluación constantes, la autoestima de la víctima recibe un duro golpe, lo que provoca una sensación de desesperanza y un sentido erróneo de la autoestima, que a menudo conduce a la depresión y la ansiedad. Puede resultarles muy difícil centrarse en algo, perdiendo la conexión con su realidad. A pesar de todo, no logran establecer la conexión entre todos estos síntomas y la naturaleza malsana de su relación con el narcisista.

Cómo reconocer si está sufriendo un abuso narcisista

Dado que no todos los narcisistas muestran los mismos rasgos, necesita saber cómo detectar el abuso narcisista para protegerse. Tomar conciencia de las situaciones potencialmente abusivas es la mejor medida de seguridad que puede adoptar. He aquí una lista de las señales de alerta más comunes a las que debe prestar atención:

- La otra persona no soporta las críticas y se enfada fácilmente en respuesta a ellas.
- Utiliza medios no verbales hostiles, como fruncir el ceño, fulminar con la mirada o poner los ojos en blanco.
- Actúa con violencia o menosprecia constantemente.
- Amenaza con cortar el contacto con usted si no le da lo que quiere.
- Le acusa de haber obrado mal a pesar de no tener ninguna prueba que respalde su afirmación.
- Le intimida para que haga algo con lo que no se siente cómodo.
- Le dice que nadie más querría tener una relación con usted.
- Se encuentra dudando de cada paso que da, junto con sus pensamientos y emociones.
- Experimenta dolores de cabeza, aumento de los latidos del corazón u otros síntomas físicos después de hablar con la otra persona.
- No puede poner límites porque sienta que va a herir a la otra persona al hacerlo.
- A menudo se siente alejado de todo lo que lo rodea.
- Sigue sacrificando sus necesidades y negando su realidad.

Si ha marcado más de la mitad de los puntos de la lista, está sufriendo abuso narcisista. Intente encontrar una red de apoyo y, si es necesario, terapia, y céntrese en su autocuidado. Al principio, puede que le resulte difícil volver a conectar con amigos y familiares, especialmente si ha estado aislada de ellos durante la relación abusiva. También puede que le cueste aceptar que no es culpa suya que un narcisista se haya adueñado de su vida. Fue culpa de ellos, aunque hay algunas medidas que puede tomar para evitar que esto le vuelva a suceder.

Cuando intente dejar atrás a un abusador narcisista, la prioridad máxima es siempre garantizar su seguridad y la de sus seres queridos afectados. No dude en avisar a las autoridades locales, si es necesario, especialmente si el narcisista actúa con violencia o amenaza con hacerse daño a sí mismo o a otra persona. Acuda a terapia para obtener apoyo. Busque también la ayuda y el apoyo de sus seres queridos. Quienes lo quieren comprenderán lo sucedido y le ayudarán en su viaje de sanación, así que no dude en pedírselo. Otra idea a poner en práctica es establecer límites apropiados en sus interacciones con personas narcisistas. Esta es una solución especialmente recomendable si puede liberarse completamente de la relación narcisista (como cuando el narcisista depende de usted para recibir apoyo y cuidados). Manteniendo una distancia suficiente, podrá dar prioridad a su salud y bienestar. Construya y mantenga conexiones fuera del control del narcisista. Mantenga a sus amigos y familiares al corriente del estado de su relación con el narcisista para que pueda recurrir a ellos en busca de ayuda si la necesita.

Capítulo 5: Liberarse de la influencia narcisista

Dejar a un narcisista requiere un esfuerzo hercúleo. Son muy egocéntricos, exigentes e implacables en sus esfuerzos por volver a engancharlo, y no le facilitarán el proceso. En este capítulo dedicado a liberarse del abuso narcisista, encontrará orientación práctica, apoyo y empoderamiento para escapar de una relación abusiva y recuperar el control de su vida.

Dejar atrás la relación abusiva

Dejar una relación abusiva puede hacer que se sienta libre

https://www.pexels.com/photo/low-section-of-man-against-sky-247851/

Considere cómo podría responder el narcisista a su intento de abandonar la relación o distanciarse de él. Por ejemplo, basándose en su comportamiento anterior, puede deducir que podría amenazarlo o presionarlo para que continúe la relación. Puede que simplemente se enfaden, pero dejen pasar las cosas, en cuyo caso usted seguirá necesitando apoyo emocional.

Construya un sistema de apoyo

Los narcisistas exigen toda su atención, sin dejarle tiempo para dedicarse a sí mismo o a sus seres queridos. También pueden decirle que sus amigos y familiares no se preocupan por usted (sobre todo no tanto como ellos) o que hablan mal de usted a sus espaldas. Esto puede provocar que se distancien o incluso que se enzarcen en conflictos innecesarios. Como resultado, puede que usted se sienta reacio a acercarse a ellos y contarles por lo que está pasando. Sin embargo, aquellos que realmente se preocupan por usted le comprenderán y le apoyarán. Sea claro sobre lo que necesita de ellos, ya sea alguien que lo escuche, le dé consejos, lo controle regularmente o lo acoja temporalmente si decide dejar al maltratador. Abriéndose a ellos y expresándoles lo que quiere, estará permitiendo que le proporcionen el apoyo que necesita.

Rodearse de personas a las que quiere y en las que confía puede ofrecerle seguridad porque sabe que sus sentimientos serán validados. Podrá expresarlos libremente después de pasar tanto tiempo ocultándolos y temiendo que disgusten al narcisista. Pasar tiempo con ellos le distraerá del dolor, la ansiedad y los pensamientos dañinos con los que luchará tras dejar atrás la relación abusiva.

Sin duda, se encontrará con individuos que no solo no le ayudarán a curarse, sino que le causarán aún más dolor. Por ejemplo, si tiene amigos comunes con el narcisista, algunos podrían ponerse del lado del maltratador. Pondrán en duda su historia porque el narcisista tejió un cuento grandilocuente sobre que todo era culpa suya o porque piensan que debería haber dejado atrás la relación si las cosas iban tan mal como usted dice. Intente limitar el tiempo que pasa con estas personas. Pídales que no le ofrezcan consejos sobre cómo reparar su relación con el narcisista. O, mejor aún, que no los mencionen en absoluto. Si no respetan sus deseos, deje de pasar tiempo con ellos.

No desfallezca si no encuentra apoyo de inmediato

Cuando esté preparado para distanciarse del narcisista, puede que se dé cuenta de que apenas le queda nadie a quien recurrir. Los narcisistas trabajan muy duro para aislarlo de sus amigos, familiares y de cualquiera que pueda ofrecerle consejo. Cuando lleguen los momentos de claridad y de darse cuenta de lo malsana que es realmente su relación, no tendrá a nadie. Además, si da el primer paso para marcharse, no encontrará a nadie que le recuerde por qué debe hacerlo. Durante este periodo, el narcisista le hará sentir culpable culpándolo de todo lo que hizo que su relación se fuera a pique y, lo que es más probable, le hará promesas de cambiar. Harán todo lo que esté en su mano para que se quede, pero usted no debe ceder. Recuerde por qué está dejando la relación o distanciándose de ellos. Prométase a sí mismo que no dudará de su decisión, por muchos argumentos que el narcisista saque a relucir para apoyar su caso.

Encontrar un grupo de apoyo

Unirse a un grupo de apoyo es uno de los pasos más eficaces porque le ayuda a darse cuenta de que no está solo. A muchas víctimas de abusos les resulta liberador compartir sus historias con otras personas sin sentirse presionadas ni juzgadas. Si prefiere no compartir su historia en persona, considere la posibilidad de unirse a foros o grupos de apoyo en las redes sociales y otros sitios dedicados a ayudar a las víctimas de abusos. También puede obtener apoyo de forma anónima, lo que constituye una excelente opción si desea limitar la cantidad de información personal que proporciona por temor a las represalias del maltratador.

Busque apoyo profesional

El abuso narcisista puede hacer mella en su salud mental y emocional. Además de desarrollar un sentido distorsionado de la realidad y cuestionar sus valores, tras haber sido sometido a un abuso implacable, es probable que su autoestima esté por los suelos. Buscar apoyo profesional puede hacer maravillas para remodelar su realidad, permitiéndole seguir adelante y mejorando su bienestar emocional y mental. Dejar una relación abusiva requiere una inmensa cantidad de fuerza. Un terapeuta puede ayudarle a desentrañar los complejos pensamientos y emociones que está experimentando. Lo guiarán en su camino de curación mientras discuten las raíces de sus problemas, haciéndolo enfrentarse a verdades incómodas. Comprenderá por qué se siente y piensa como lo hace y reconocerá cuándo no es razonable. Juntos, podrán diseñar un plan para evitar meterse en situaciones perjudiciales y relacionarse con las personas equivocadas en el futuro.

Desde desarrollar mejores habilidades sociales hasta aprender a manejar el estrés, la depresión y la ansiedad, la terapia aborda diversos aspectos de su viaje hacia la recuperación. Un profesional de la salud mental puede enseñarle a hablar de su experiencia y a compartir sus emociones sin desencadenar emociones intensas que le resulten difíciles de afrontar. A medida que trabaje con ellos, aprenderá a aceptar su experiencia como una valiosa oportunidad de aprendizaje en lugar de verla como un error vergonzoso.

Planificación de la seguridad

Tanto si cree que el narcisista reaccionará violentamente como si solo necesita que alguien esté a su lado para asegurarse de que no flaqueará, hable con alguien de confianza antes de dar el primer paso para distanciarse de su agresor. Explíquele la situación y pídale que le acompañe.

Sin embargo, antes de hablar con el narcisista, planifique su salida. He aquí algunos consejos sobre cómo hacerlo.

Sepa dónde irá

Si vive con el narcisista y planea mudarse, asegúrese de tener otro lugar donde ir o prepárese para pedirle que se vaya de su casa. Espere que utilicen la manipulación y empiecen a hacerse las víctimas para hacerle cambiar de opinión. Crear un plan y pensar en todas las posibilidades lo ayudará a mantenerse en el buen camino.

Córtelos

Si es posible, prepárese para cortar con ellos por completo porque siempre intentarán volver. Recuerde, los narcisistas siempre quieren ser el centro de atención. Si deja de prestarles la atención que desean, se enfadarán y se disgustarán. A menos que ellos mismos lleguen a la fase de rechazo, les resultará doloroso aceptar que usted ya no los quiere cerca.

Sin contacto o bajo contacto

Para curarse del abuso narcisista, lo mejor es aplicar la política de no contacto. No responda a sus mensajes de texto, llamadas u otros intentos de comunicación después de irse. Es probable que le llamen día y noche, y que le envíen mensajes de texto hirientes y provocativos, intentando entablar una conversación con usted, aunque solo sea para defenderse. Puede que sienta la necesidad de decirles que lo dejen en paz, pero recuerde que ignorarlos funcionará mejor a largo plazo. Intente bloquear su número y todas las cuentas de las redes sociales (no se sorprenda si crean varias cuentas para ponerse en contacto con usted). También debería abstenerse de aceptar nada de ellos (ni siquiera en nombre de la amistad), ni siquiera su oferta de seguir siendo amigos. Evite ir a lugares a los que crea que pueden ir, y considere la posibilidad de ir a sitios nuevos o tomar nuevas rutas para ir al trabajo si saben dónde encontrarlo. Si tiene que ir a lugares donde podría encontrarse con ellos, asegúrese de permanecer cerca de alguien en quien confíe en todo momento. Si los ve, no reconozca su presencia y rechace con firmeza cualquier intento de interacción. Si intentan ponerse en contacto con usted a través de un tercero, rechace también esa posibilidad. Aunque este enfoque no hará que se arrepientan de su comportamiento, le ayudará a restablecer su bienestar mental y a seguir adelante.

Si cortar todos los lazos con un narcisista no es posible (por ejemplo, el maltratador es un padre que depende de usted o un jefe en un lugar de trabajo que no puede abandonar por el momento), la siguiente mejor opción es poner en práctica el método de bajo contacto. En este caso, deberá limitar su comunicación al mínimo y utilizar únicamente métodos de comunicación menos personales como los mensajes de texto o el correo electrónico. Establecer límites desempeñará un papel muy importante en su recuperación, especialmente si no puede cortar completamente los lazos con el narcisista. Aunque un narcisista nunca aceptará totalmente sus límites e intentará desafiarlo a cada paso, debe hacer todo lo posible para resistir sus continuos intentos de manipularlo. Puede que sigan insultándolo, discutiendo con usted o diciéndole que está siendo injusto o demasiado sensible. No caiga en eso y no se sienta culpable. Cuando tenga que hablar con ellos, mantenga una comunicación breve y niéguese a entrar en discusiones y debates. Mantenga sus emociones bajo control y céntrese en construir una vida más feliz y saludable para usted.

Estudio de caso 1: De sobrevivir a prosperar

Elisabeth era una mujer de 40 años con otra relación fallida a sus espaldas. Nunca se había casado, pero tenía una hija y una relación tormentosa con su madre. Su madre procedía de una familia pobre, en la que ambos padres trabajaban y no podían prestar mucha atención a sus hijos. La madre de Elisabeth tenía hermanos que tampoco podían molestarse en pasar tiempo con ella. Como resultado, creció sin saber cómo expresar sus sentimientos y necesidades. Ella educó a Elisabeth con el mismo enfoque distante que experimentó por parte de sus padres, a pesar de que tenía mucho más dinero y tiempo que podría haber dedicado a su hija. Cuando Elisabeth creció, su madre esperaba que se quedara con ella y se ocupara de todas sus necesidades. Lejos de estar agradecida por la voluntad de Elisabeth de hacer precisamente eso, aprovechaba cualquier oportunidad para menospreciarla. Esto hizo de Elisabeth una persona muy insegura que no podía mantener una relación con nadie.

Temiendo los efectos negativos que la relación con su madre pudiera tener en su hija, Elisabeth acudió a terapia. Dado que no estaba preparada para cortar completamente sus lazos, la terapeuta le sugirió el método del bajo contacto. Al principio, resultó difícil para Elisabeth ponerlo en práctica, porque en cuanto mencionaba que quería distanciarse, su madre se enfadaba tanto que Elisabeth se sentía obligada a abandonar la idea. Sin embargo, finalmente, se armó de valor para dar los primeros pasos y redujo el contacto con su madre al mínimo. Después de que sus primeros intentos de ponerse en contacto con Elisabeth fueran rechazados, la madre se enfurruñó durante un tiempo. Finalmente, sin embargo, dejó sola a Elisabeth. A su vez, Elisabeth pudo trabajar en su autoestima y en la construcción de relaciones sanas para un futuro mejor para ella y su hija.

Estudio de caso 2: Adiós al miedo

Robert era un hombre de 30 años que mantenía una relación con una mujer de 35 llamada Jessica. Aunque ambos eran personas inteligentes con trabajos bien pagados, Jessica, al ser mayor, expresaba a menudo a Robert que ella sabía lo que era mejor para ambos. Ella gestionaba sus finanzas, sus aficiones y su tiempo libre e insistía en hacer todo juntos menos trabajar. Cuando Robert planteaba sus propias ideas o preguntas sobre hacer otra cosa, estas eran rebatidas y recibidas con incredulidad. Cada vez que intentaba enfrentarse a Jessica, ella se enfadaba y se ponía violenta. Destruyó el teléfono de Robert en varias ocasiones e incluso recurrió a la violencia física. Al principio, a Robert le daba vergüenza hablar de ello con sus amigos y su familia. Cuando lo hizo, o bien no creyeron que debiera enfrentarse a Jessica, o bien creyeron a Jessica, quien fingió ser la víctima en la situación, diciendo que Robert actuó violentamente primero y que ella actuó en defensa propia. En secreto, Robert buscó la ayuda del terapeuta. Este le sugirió que reuniera pruebas. Tras mostrar a uno de sus amigos pruebas en vídeo del arrebato violento no provocado de Jessica y mensajes que demostraban su comportamiento abusivo, Robert tuvo por fin el apoyo que necesitaba. Sus amigos lo convencieron de que dejara a Jessica y Robert se mudó de la casa que compartían. Enfadada con él por haberla dejado, Jessica lo bombardeó con mensajes de texto y llamadas. Sin embargo, él se negó a responder y a darle a Jessica la atención que claramente buscaba. Aunque al principio se empeñó en arreglar las cosas, Jessica pronto se dio cuenta de que Robert no volvería a aceptarla y siguió adelante con otra relación, permitiendo que Robert hiciera lo mismo, solo que de una forma mucho más sana.

Establecer límites

El narcisista también puede intentar acusarlo de cosas que usted no es. Pueden llamarlo egoísta porque por fin ha puesto límites y ha empezado a ponerse usted primero. No permita que ni ellos ni nadie lo defina. Recuerde que estas personas son expertas en *gaslighting* y en distorsionar la realidad. Diga lo que diga el narcisista sobre sus hábitos, apariencia, inteligencia o cualquier otro rasgo, deséchelo por completo. Piense en cómo se definiría usted en su lugar. Tras un poco de autoinspección, se dará cuenta de que ninguna de las definiciones negativas del narcisista se aplica a usted.

Antes de establecer límites, tómese su tiempo para comprender quién es usted frente a quién dice el narcisista que es. Ahora, piense en su comportamiento y determine quién es basándose en todas las acciones dañinas que realizó contra usted. Esto le ayudará a comprender que al acusarlo de algo que usted no hizo, el narcisista solo estaba proyectando sus defectos en usted. Una vez que vea esto, le resultará más fácil hacer respetar sus límites.

Incluso si no se pone a la defensiva, el narcisista volverá pronto a su antiguo comportamiento, justo después de jurar que cambiará. Por eso son necesarios los límites. Nunca conseguirá que reconozcan su culpa, así que la mejor manera de encontrar un cierre es impedir que vuelvan a hacerle daño. Los narcisistas creen que tienen derecho a utilizar a los demás porque no parecen comprender cómo afectan sus acciones a sus víctimas. Por ello, establecer límites claros para proteger su salud mental y emocional es crucial, especialmente si usted es una persona empática o muy sensible.

Acciones legales que puede emprender contra el maltratador

A veces, la única forma de cortar lazos con un narcisista es emprender acciones legales. Por ejemplo, pueden amenazarle con hacerle daño a usted o a sí mismos si no cambia de opinión. Incluso si lo único que hacen es intentar comunicarse con usted después de que se haya negado a recibirlos, el buscar ayuda legal puede ayudarle a seguir adelante y evitar problemas posteriores. A continuación le indicamos algunos de los pasos que puede dar contra un maltratador narcisista.

Prepárese para lo inesperado

Nada demuestra que dejar a un narcisista es más difícil que estar en una relación con él que los trucos sucios a los que recurrirá cuando se dé cuenta de que ha dejado de ser el centro de su atención y usted esté dispuesto a dejarlo. Espere lo inesperado: a veces, ni siquiera el comportamiento pasado del narcisista indicará la magnitud de su furia cuando usted lo deje. Por ejemplo, mientras que antes eran verbalmente abusivos y manipuladores, ahora pueden recurrir a la violencia física, aunque nunca lo hayan hecho antes; si algo sale mal, como si empiezan a dejar mensajes amenazadores que usted no esperaba después de una ruptura aparentemente amistosa, haga una denuncia a la policía. Si continúan con su comportamiento, puede solicitar una orden de alejamiento, que los obligará a cesar el contacto con usted.

No se implique en defensa propia

Por mucho que intenten manchar su nombre, hacerle sentir culpable o avergonzarlo para que cambie de opinión, evite implicarse en la autodefensa. Al hacerlo, solo les dará más munición para utilizar en su contra. Del mismo modo, tampoco ceda a la tentación de buscar venganza. Pueden intentar utilizar sus acciones para tomar medidas legales contra usted, especialmente si ha iniciado un procedimiento judicial contra ellos. Durante el procedimiento legal, aténgase a los hechos del caso y evite discusiones sin sentido sobre las acusaciones infundadas del narcisista.

Documéntelo todo

Las mentiras y el engaño del narcisista no conocen límites, así que espere que mientan sobre las obligaciones financieras que tienen con usted. Sea proactivo y encuentre tantas pruebas como pueda sobre sus mentiras. Además, si le han causado daño o han destruido su propiedad, y puede probarlo, reúna toda la documentación que necesite para iniciar un procedimiento legal contra el maltratador. Puede tratarse de mensajes, fotos, vídeos que usted tomó o cualquier otra prueba que pueda presentar, como el testimonio de amigos o familiares que presenciaron lo sucedido. Del mismo modo, si le hicieron daño o dañaron su propiedad después de la separación, documéntelo lo mejor posible para tener pruebas de sus fechorías.

Consulte a un abogado

Si necesita emprender acciones legales contra el agresor, es mejor que lo haga tras consultar a un abogado. Al buscar asesoramiento legal, podrá diseñar un mejor plan para protegerse de los ataques narcisistas. Su abogado también puede ayudarle a navegar a través de cada paso del proceso legal.

Avanzar

Toda su relación con el narcisista consistía en hacerlos felices y contentos. Ahora es el momento de ponerse usted primero y retomar el control de su vida. Es un paso increíblemente valiente, así que siéntase orgulloso de sí mismo. Aunque ellos nunca se arrepentirán de su fechoría, usted debe perdonar al narcisista y, si puede, dejarlos, olvidarlos. Al perdonarlos, liberará la negatividad persistente de su vida y hará las paces con lo que le sucedió. Una vez que los haya perdonado, podrá perdonarse a sí mismo por no haberlos dejado antes y haber soportado sus formas abusivas tanto tiempo como lo hizo. Ser víctima de un abuso narcisista hace que dude de sí mismo y cuestione su realidad. Durante la etapa inicial tras la separación, es probable que alterne entre estar preparado para cortar lazos y dar al maltratador una última oportunidad porque cree que no podrá vivir sin él. Sin embargo, ahora está en el camino de remodelar y crear su realidad, y pronto descubrirá el alcance del engaño bajo el que ha estado viviendo.

Dejar atrás una relación abusiva es todo un reto, y más cuando toda su vida gira en torno a la otra persona. Por eso debe empezar a acercarse a los demás inmediatamente después de dejar al narcisista o, preferiblemente, poco antes de dar este paso. Piense en lo mucho mejor que será su vida sin el narcisista, teniendo la posibilidad de dedicar su tiempo a hacer cosas que le gusten mientras está rodeado de personas que lo quieren y lo apoyan.

Capítulo 6: El camino hacia la recuperación emocional

En este momento, las cosas deben parecer sombrías. Acaba de salir de una relación abusiva y se siente confundido, enfadado, herido y agotado. Esas emociones no durarán. Muchas víctimas de abuso narcisista se curan y consiguen volver a ser las de antes. Usted mejorará y se recuperará. Podrá volver a amar, confiar y reír.

El camino hacia la recuperación emocional es un proceso que lleva tiempo

https://www.pexels.com/photo/photo-of-an-empty-road-3014002/

No se puede negar que el camino hacia la recuperación emocional es un proceso que lleva tiempo. Es normal enfrentarse a desafíos, y algunos días serán más duros que otros. Esto no pretende desanimarlo. Todo el mundo se enfrenta a dificultades. Necesita saberlo de antemano para que comprenda que es una parte normal del proceso. Tendrá días buenos y días malos, pero al final, mejorará.

Muchas personas han recorrido este camino antes que usted y han llegado al otro lado felices, sanas y victoriosas. Recuerde que está rodeado de personas que lo quieren y desean lo mejor para usted. No está solo en esto.

El impacto del abuso narcisista

El abuso narcisista tendrá un enorme impacto en su salud emocional, psicológica y física. Las víctimas, especialmente las empáticas, suelen sufrir pérdida o aumento de peso, supresión del sistema inmunológico, signos de envejecimiento prematuro, baja autoestima, traumas, TEPT, ansiedad, estrés crónico o depresión.

Signos de baja autoestima

Pasar años con alguien que hace que se cuestione y dude de su percepción y autoestima puede afectar a su autoestima. Además, usted puede tener dificultades para averiguar quién es fuera de la relación con el narcisista.

- Ser un complaciente de la gente, especialmente con el narcisista.
- Ignorar sus logros.
- Falta de límites.
- Centrarse en lo negativo.
- Sentirse inseguro sobre el futuro.
- Miedo al fracaso.
- Culparse por cosas que están fuera de su control.
- Pensamientos negativos.
- Escuchar a su crítico interior.
- Luchar con la aceptación de cumplidos.
- Creer que todo el mundo es mejor que usted.
- Preocupación constante.

- Duda de sí mismo.
- Creer que no merece la felicidad.
- Luchar por pedir ayuda.
- Dar prioridad a las necesidades de los demás por encima de las suyas.
- Compararse con los demás.
- Incapacidad para manejar las críticas.
- Falta de confianza en sí mismo.
- Sentir que no tiene control sobre su vida.
- Estrés, ansiedad, ira o tristeza.
- Burlarse de uno mismo de forma negativa.
- Sentirse inútil.
- Retraimiento social.
- Hostilidad.
- Dificultad para hablar o defenderse.
- Sentirse culpable y disculparse por cosas que no son culpa suya.
- Dejar que otros tomen decisiones por usted.
- Autopercepción negativa.
- Sentirse como una sombra de lo que fue.
- Buscar la validación de los demás.

Síntomas de la depresión

Los supervivientes del abuso narcisista desarrollan muchos síntomas de depresión como el aislamiento o el sentimiento de no valer nada. Esto es normal después de haber estado expuesto a la luz de gas y a la manipulación durante mucho tiempo.

- Perder el interés por las cosas que antes disfrutaba.
- Sentirse desmotivado.
- Incapacidad para disfrutar de la vida.
- Pensamientos negativos.
- Inutilidad.
- Problemas de concentración.
- Desesperanza.

- Luchar por recordar cosas.
- Impotencia.
- Aislamiento.
- Indecisión.
- Culpa.
- Soledad.
- Dudar de sí mismo.
- Autoinculpación.
- Vergüenza.
- Obsesionarse con los fracasos del pasado.
- Movimientos corporales lentos.
- Habla más despacio que de costumbre.
- Confusión.
- Baja autoestima.
- Sentirse impotente.
- Tristeza.
- Lagrimeo.
- Vacío.
- Apatía.
- Estrés.
- Estallidos de ira.
- Ansiedad.
- Irritabilidad.
- Frustración.
- Inquietud.
- Agitación.
- Sentirse abrumado.
- Autodesprecio.
- Cambios de humor.
- Dificultad para concentrarse en el trabajo.
- Quedarse en casa todo el tiempo.
- Agotamiento.

- Problemas para dormir.
- Bajo deseo sexual.
- Estreñimiento.
- Baja energía.
- Dolores de cabeza.
- Dolor de espalda.
- Problemas digestivos.
- Aumento del apetito y de peso.
- Reducción del apetito y pérdida de peso.
- Consumir cigarrillos, alcohol o drogas.

Síntomas de ansiedad

Es normal experimentar ansiedad después del abuso narcisista, especialmente cuando se inicia una nueva relación o se conoce a gente nueva. También puede experimentar ansiedad por separación después de dejar al narcisista porque ha estado bajo su influencia durante mucho tiempo y está intentando acostumbrarse a su nueva vida sin él.

- Evitar los desencadenantes de la ansiedad.
- Preocupación incontrolable.
- Evitar pensar en el presente, obsesionarse con el pasado o preocuparse por el futuro.
- Sensación de fatalidad inminente.
- Tensión.
- Nerviosismo.
- Inquietud.
- Falta de concentración.
- Sentirse desconectado del mundo.
- Sentirse desconectado de su cuerpo y de su mente.
- Pensar demasiado.
- Pánico.
- Miedo.
- Pesadillas.
- Pensar en experiencias traumáticas.

- Mal humor.
- Buscar el consuelo de los demás.
- Preocuparse por su ansiedad.
- Preocuparse de que los demás noten su ansiedad.
- Incapacidad para relajarse.
- Sentir que su mundo está fuera de control.
- Debilidad.
- Cambio en el deseo sexual.
- Problemas para dormir.
- Utilizar el baño menos o más de lo habitual.
- Sudoración.
- Temblor.
- Ataques de pánico.
- Náuseas.
- Rechinar los dientes.
- Sofocos.
- Aumento del ritmo cardíaco.
- Problemas digestivos.
- Dolor de espalda.
- Dolores de cabeza.
- Mareos.
- Entumecimiento.
- Boca seca.
- Dificultad para respirar.
- Manos sudorosas.

Síntomas del trauma y el TEPT

Su relación con el narcisista es una experiencia traumática que lo ha dejado atrapado en la respuesta de lucha o huida. Cualquier situación que le recuerde el abuso disparará su ansiedad. Los narcisistas son impredecibles y usted se pasa meses o años esperando el siguiente problema. Ahora le cuesta relajarse y está siempre en alerta máxima.

También es posible que evite a las personas, los lugares y las situaciones que le recuerdan a ellos.

- Pensar constantemente en experiencias traumáticas.
- Pesadillas recurrentes.
- Rememoración vívida del acontecimiento traumático.
- Sentirse angustiado cada vez que piensa en el acontecimiento traumático.
- Sudor.
- Frecuencia cardiaca elevada.
- Evitar hablar de sus sentimientos y de la experiencia traumática.
- Comportamiento autodestructivo y temerario.
- Sueño alterado.
- Pensamientos intrusivos.
- Problemas de concentración.
- Miedo.
- Se sobresalta fácilmente.
- Arranques de ira.
- Irritabilidad.
- Incapacidad para experimentar la felicidad.
- Sentirse distanciado de los demás.
- Lucha por mantener relaciones sanas.
- Perder el interés por las actividades cotidianas.
- Desesperanza.
- Irritabilidad.
- Vergüenza.
- Culpa.
- Mantenerse ocupado para distraerse y no pensar en la experiencia traumática.
- Creencias distorsionadas sobre los demás y sobre usted mismo (como que todas las personas mienten o que no soy lo suficientemente bueno).
- Bloquear partes de la experiencia traumática de su mente.
- Incapacidad para expresar afecto.

- Autoinculpación.
- Comportamiento agresivo.
- Sentirse al límite.
- Estar en guardia porque siente que algo terrible puede ocurrir en cualquier momento.
- Sentirse emocionalmente insensible.
- Pensamientos negativos.
- Dolor.
- Sudor.
- Náuseas.
- Temblor.

Pérdida de autoestima

Los narcisistas manipulan y dan luz de gas a sus víctimas para destruir su sentido del yo y su sentido del valor. Puede mirarse al espejo y dejar de reconocerse. Experimentará dudas sobre sí mismo y se cuestionará cada decisión que tome. También puede sentirse indigno o que el abuso fue culpa suya.

Luchando por perdonarse a sí mismo

Después de que la influencia del narcisista desaparezca y empiece a ver la verdad, puede sentirse enfadado consigo mismo. Puede sentirse avergonzado y abochornado por soportar este trato durante tanto tiempo, y puede luchar por perdonarse a sí mismo.

Más síntomas del abuso narcisista

- Incapacidad para establecer límites.
- Sacrificar sus propias necesidades.
- Desconfiar de sí mismo.
- Luz de gas sobre sí mismo.
- Andar de puntillas.
- Miedo a tener éxito o a alcanzar sus objetivos.

Reconocer sus sentimientos

Tras separarse del maltratador, es normal experimentar una amplia gama de emociones o un duelo complicado. El duelo complicado es una etapa prolongada de luto que tiene lugar tras una pérdida. Puede experimentar emociones complejas como tristeza, ira, miedo, confusión, culpa y añoranza.

Tras el final de una relación normal, por lo general se lamenta la pérdida, se cierra y se acepta que se ha acabado. Sin embargo, en este caso, sus emociones contradictorias pueden interponerse entre usted y la superación del trauma. Hay una parte de usted que se siente aliviada de que se haya acabado, otra que echa de menos a esa persona y una tercera que se siente enfadada consigo mismo por aceptar ese abuso. También puede estar enfadado por seguir queriéndolos o echándolos de menos. Como empático, no superará sus sentimientos tan fácilmente, aunque sepa que hizo lo correcto al separarse de ellos.

Todas estas emociones son normales. Muchos supervivientes de abusos experimentan todo tipo de sentimientos tras la separación. No se avergüence de ellos. El primer paso para la recuperación es reconocer su dolor emocional y validar sus sentimientos. No hay nada vergonzoso en echarlos de menos o pensar en ellos. Acepte que estos sentimientos forman parte de su recuperación.

Siempre que sienta estas emociones, no las ignore ni espere a que pasen. Escriba todo lo que esté experimentando en su diario. Etiquételas diciendo: «Estoy triste», «Estoy enfadado» o «Lo echo de menos». Pase tiempo con estos sentimientos, pero no reaccione ante ellos ni diga: «No debería sentirme así».

No juzgue sus emociones, acéptelas. Tiene todo el derecho a experimentar estos sentimientos después de todo lo que ha pasado. Sea amable consigo mismo y practique la autocompasión.

El proceso de recuperación emocional

Ahora que comprende el impacto del abuso narcisista, está preparado para comenzar el proceso de curación. Este suele desarrollarse en etapas, por lo que debe recorrerlas paso a paso.

Etapa n.º 1: Etiquetar el abuso

El primer paso para la recuperación es reconocer y admitir que usted es víctima de abusos. Esto no siempre es fácil, especialmente con un narcisista y lo sutil que puede ser su comportamiento malsano. Pasan por fases de ser groseros y crueles a ser amables y encantadores. También son muy amables en público y tienen personalidades aterradoras a puerta cerrada. Como resultado, es posible que usted ni siquiera se dé cuenta de que están abusando de usted.

Utilice la información de este libro para determinar si sufre o no abuso narcisista.

Identifique sus emociones y acepte que es una víctima del maltrato y que este tiene un costo en su vida. Etiquételo diciéndose a sí mismo o escribiendo en su diario: «Soy víctima de malos tratos». Una vez que lo haga, podrá dar sentido a lo que le ocurre. Por fin comprenderá que no hay nada malo en usted; el narcisista solo lo está manipulando. Etiquetar el abuso puede ser un paso poderoso y liberador.

Etapa n.º 2: Establecer límites

Conocerá a personas tóxicas a lo largo de su vida, así que protéjase estableciendo normas claras sobre cómo quiere que lo traten.

- Determine qué comportamiento no tolerará. Esto depende principalmente de su relación con la persona tóxica. Por ejemplo, si se trata de un amigo o de su pareja, deje claro que no tiene por qué ir solo a sus lugares favoritos; usted también debe poder opinar. Anote sus límites para no olvidarlos, y podrá añadir otros nuevos siempre que lo desee.
- Aprenda a decir «no». No haga nada que le incomode solo para complacer al narcisista. Recuerde, odian los límites y harán todo lo que esté en su mano para poner a prueba sus límites. Diga educadamente «no» cuando no quiera hacer algo. Esta palabra de dos letras es una frase completa. No tiene que dar explicaciones si no quiere, y el narcisista debería respetar su decisión. Demuéstrele que sus reglas son firmes y no negociables.
- No defienda ni justifique sus límites ante nadie, especialmente ante los narcisistas. Solo verán las cosas desde su perspectiva y no escucharán su versión. Como todo es culpa suya y no de ellos, le darán la vuelta a la tortilla y seguirán discutiendo con usted hasta que se rinda y haga lo que ellos quieren. De nuevo, sea estricto con sus límites y deje claro que no están abiertos a discusión.
- Establezca consecuencias para cada límite y aplíquelas cuando los demás incumplan sus normas. Las consecuencias demuestran que usted es asertivo y serio. Por ejemplo, si alguien le levanta la voz, dígale: «No me gusta que me grites. Si no bajas la voz, me marcharé». Si continúan gritándole, cúmplalo y aléjese durante unos minutos.

- Tenga cuidado con lo que comparte con los narcisistas. Utilizarán cualquier información que les dé para encontrar sus puntos débiles y manipularle.
- Los narcisistas harán todo lo que esté en su mano para poner a prueba sus límites. Lo harán mediante juegos mentales y manipulación. Llámeles la atención sobre su comportamiento en el acto etiquetándolo para demostrarles que usted es consciente de lo que están haciendo. Por ejemplo, si se burlan de usted delante de ellos, dígales: «Es una falta de respeto que me menosprecies delante de tus amigos».

Etapa n.º 3: Exprese sus emociones

Durante el proceso de sanación, experimentará muchas emociones intensas y complejas. Aprenda a expresarlas de forma saludable, por ejemplo a través de la música, el arte, escribiendo en un diario o haciendo deporte. Si se siente enfadado, puede escribir sobre ello o ir al gimnasio para liberar estos sentimientos.

Etapa n.º 4: Conecte con sus seres queridos

Los narcisistas aíslan a sus víctimas de su sistema de apoyo para poder manipularlas y controlarlas fácilmente. Mientras se cura, le ayudará volver a conectar con sus seres queridos. Ellos saben por lo que ha estado pasando porque pueden ver el abuso, y estarán más que encantados de tenerlo de vuelta. Los necesitará a su lado para que lo apoyen y le den fuerzas mientras se recupera.

Etapa n.º 5: Practicar el autocuidado

Ha pasado mucho tiempo cuidando de su maltratador e ignorando sus necesidades. Ahora que es libre, dedique su tiempo a centrarse en su cuerpo, mente y alma. Haga cosas que lo hagan feliz y sentirse realizad9 y que le den un sentido de propósito. Coma alimentos sanos, beba suficiente agua, haga ejercicio, salga con sus amigos, viaje y haga una cosa que le haga sonreír cada día.

Enfoques terapéuticos

Si tiene problemas con su recuperación o necesita ayuda, considere la posibilidad de buscar la orientación de un profesional. Hay algunos enfoques que pueden ayudarle.

Terapia centrada en el trauma

Este tipo de terapia se centra en el impacto de la experiencia traumática en sus respuestas emocionales. Si no puede afrontar el trauma por sí mismo y está afectando a todos los aspectos de su vida, considere la terapia centrada en el trauma.

Técnicas:

- **Exposición en imaginación:** Usted imagina la experiencia traumática y se la explica detalladamente a su médico para que pueda enfrentarse a los recuerdos o pensamientos que ha estado evitando.
- **Relato escrito:** Su terapeuta le pedirá que escriba sobre el suceso traumático utilizando un lenguaje descriptivo.
- **Exposición en vivo:** Usted se expone a situaciones de la vida real que ha estado evitando porque se asocian con el narcisista.
- **Declaración de impacto:** Usted escribe una declaración sobre por qué cree que ocurrió esta experiencia traumática.

Beneficios:

- Validación.
- Desafiar los patrones de pensamiento negativos.
- Aprender a confiar de nuevo.
- Aprender mecanismos de afrontamiento.
- Reducir la evitación y el miedo.

Según un estudio realizado por el Departamento de Psicología de la Universidad Católica de Eichstätt-Ingolstadt, la terapia centrada en el trauma puede tratar la ansiedad y la depresión derivadas de sucesos traumáticos.

Terapia cognitivo-conductual

Con este tipo de terapia, usted identifica los pensamientos negativos e intrusivos para poder desafiarlos y cambiar su patrón de pensamiento. Esto influirá en sus sentimientos, su comportamiento y su bienestar.

Técnicas:

- **Autocontrol:** Realizará un seguimiento de sus síntomas y su comportamiento durante un periodo de tiempo y los compartirá con su terapeuta para que pueda determinar el mejor curso de tratamiento.

- **Habilidades para resolver problemas:** Aprenderá a identificar sus problemas y a encontrar las mejores soluciones para ellos.
- **Fijación de objetivos:** Redescubrirá sus pasiones, aprenderá a fijar objetivos a corto y largo plazo e ideará una estrategia para alcanzarlos.
- **Identificar los pensamientos negativos:** Mediante esta técnica, descubrirá la raíz de su comportamiento insano.

Beneficios:

- Proporciona resultados a largo plazo.
- La duración del tratamiento oscila entre 5 y 20 sesiones.
- Es más eficaz que la medicación.

Según un estudio realizado en 2016 en la Universidad de Bristol, la TCC es un tratamiento eficaz para la depresión.

Terapias humanistas

Este tipo de terapia no se centra en las partes de usted que necesitan sanación, sino en sus capacidades únicas y especiales.

Técnicas:

- **Comprensión empática:** Aquí, su terapeuta será el empático. Se identificará con sus luchas y le hará sentirse comprendido, escuchado y visto.
- **Mirada positiva incondicional:** Su terapeuta lo aceptará por lo que es sin juzgarlo.
- **Congruencia:** En esta técnica, su terapeuta interactuará con usted de forma genuina y abierta
- **Escucha reflexiva:** Su terapeuta lo escuchará atentamente y resumirá lo que ha dicho con sus propias palabras para que pueda reflexionar sobre ello.

Beneficios:

- Perfecto para pacientes que buscan apoyo y empatía.
- Tendrá un papel activo en su tratamiento.
- Reducir el estrés.
- Aprender mecanismos de afrontamiento y habilidades para resolver problemas.

Terapias integradoras

Esto no se centra en un único enfoque. Su terapeuta lo evaluará y luego determinará las mejores técnicas terapéuticas para usted. Pueden utilizar diferentes técnicas de múltiples orientaciones.

Técnicas:

- **Estrategias cognitivas:** Se trata de cambiar los pensamientos poco útiles que repercuten en su comportamiento.
- **Estrategias psicodinámicas:** Le proporcionan una visión de su mente subconsciente para que pueda comprender mejor sus decisiones, pensamientos, emociones y comportamiento.
- **Estrategias conductuales:** Cambian los comportamientos negativos y refuerzan los positivos.

Beneficios:

- Proporcionar una mejor comprensión de cada aspecto de sí mismo.
- Se centra en sus necesidades.
- Mejora su bienestar.

Preguntas

1. ¿Alguna vez se recupera por completo del abuso narcisista?

Según la Dra. Elle Markman, psicóloga clínica sanitaria, es posible recuperarse del abuso narcisista. Aunque el camino puede ser largo y difícil, con la ayuda adecuada, puede salir adelante de esta experiencia traumática.

2. ¿Puede recuperarse por sí mismo?

La Dra. Kendra Kubala, psicóloga licenciada, cree que las víctimas de abuso narcisista pasan por una experiencia traumática intensa que quizá no puedan manejar por sí mismas. Dado que es una persona empática y siente demasiado profundamente, debería buscar la ayuda de un terapeuta que lo guíe para procesar sus complejas emociones.

3. ¿Cuánto tiempo se tarda en recuperarse de un abuso narcisista?

Esto depende de muchos factores, como el abuso que sufrió, su relación con ellos y el tiempo que estuvieron juntos. A algunos supervivientes les llevó varios años curarse y volver a ser los de antes, mientras que a otros les llevó solo un año.

4. ¿Cuánto dura el dolor emocional?

Por desgracia, no hay un marco temporal para el dolor emocional; puede durar unos meses o años. Sin embargo, cada día que trabaja en su sanación es un paso que lo aleja del dolor emocional y un paso que lo acerca a su recuperación.

La recuperación es un camino largo y difícil, pero cada paso que da es un logro en sí mismo. Una vez que empiece a trabajar en usted mismo y a centrarse en mejorar, empezará a notar los progresos. Tanto si tarda meses como años, tenga la confianza de que al final lo conseguirá.

Habrá días más duros que otros y días en los que se sentirá en la cima del mundo. La recuperación es complicada y no se sentirá igual todos los días. El mero hecho de saber que está libre del narcisista y de sus abusos es motivo suficiente para celebrarlo.

Capítulo 7: Cómo afrontar el TEPT

Debido a las continuas amenazas a su integridad y a que viven en la incertidumbre durante largos periodos de tiempo, las víctimas de abusos narcisistas a menudo sufren trastorno por estrés postraumático o TEPT. Incluso si dejan atrás la relación abusiva, sienten que nunca podrán tomarse un respiro y siguen atentas a cualquier señal de peligro. Cualquier cosa, desde los comportamientos y las palabras de los demás hasta los lugares y los olores, puede desencadenar recuerdos desagradables, lo que provoca una respuesta de lucha o huida, característica del TEPT. Este trastorno provoca una ansiedad grave, que a la larga afecta a la vida social y a menudo incluso profesional de la persona. En las víctimas de abuso narcisista, el TEPT se desarrolla como resultado de los intentos del narcisista de apoderarse y mantener el control absoluto sobre la vida de la víctima. Curarse de este trauma y del TEPT consiste en reconocer y trabajar las experiencias traumáticas para procesarlas e integrarlas en la propia vida. Este capítulo se centra en el TEPT, proporcionando diversas formas de hacer frente a sus síntomas.

Las víctimas de abuso narcisista a menudo experimentan TEPT

https://www.pexels.com/photo/photo-of-man-leaning-on-wooden-table-3132388/

Signos de TEPT

El TEPT es una enfermedad mental reconocida oficialmente. Tras sucesos traumáticos, se producen cambios en regiones cerebrales y sistemas neuroquímicos específicos, que dan lugar a síntomas psicológicos y fisiológicos. Los escáneres cerebrales de las personas que sufren TEPT muestran un aumento de la actividad en varias partes del cerebro, como la amígdala y el hipocampo, y una disminución de la actividad en el córtex prefrontal medial. La hiperactividad en la amígdala (responsable de la respuesta al estrés) hace que las víctimas permanezcan en alerta máxima incluso cuando no hay ninguna fuente de peligro. El hipocampo almacena recuerdos de sucesos traumáticos y, cuando no puede procesarlos por completo, envía señales a la amígdala de que la amenaza persiste. El córtex prefrontal medial gobierna los impulsos y las emociones y es responsable de decirle a la amígdala cuándo es el momento de relajarse. Como está poco activa en el TEPT, la corteza prefrontal medial sigue indicando a la amígdala que continúe evitando la amenaza percibida. Como resultado, el cuerpo de la víctima se inunda del neuroquímico cortisol, que provoca los siguientes síntomas:

- Reacciones físicas o emocionales intensas a los desencadenantes.

- Pensamientos intrusivos, pesadillas y flashbacks de los hechos.
- Reticencia a hablar o incluso a pensar en el trauma.
- Evitar los desencadenantes, incluyendo personas, situaciones y lugares que le recuerden a uno los acontecimientos.
- Depresión y ansiedad.
- Frecuentes estallidos de ira.
- Una visión pesimista del propio futuro y de la felicidad.
- Culpa y vergüenza.
- Sentir la necesidad de mantener la distancia con los demás.
- Bloquear los recuerdos de los acontecimientos traumáticos.
- Incapacidad para disfrutar de lo que antes producía alegría.
- Pensamientos de autodesprecio y desconfianza hacia los demás.
- Permanecer en estado de alerta y asustarse con facilidad.
- Incurrir en conductas autodestructivas.
- Dificultad para centrarse en tareas críticas.
- Falta de sueño y sueño de baja calidad.

Testimonios de supervivientes de abusos narcisistas

«Después de unas semanas de conocer a mi ex pareja, la dinámica de nuestra relación cambió. En aquel momento no lo sabía, pero estaba siendo maltratada por un narcisista. Empezó a menospreciarme, a insultarme y a decirme que no valía nada. Cuando empezó a devaluarme, yo estaba confusa y no entendía lo que estaba pasando. Luego, pareció descartarme hasta que volvió a interesarse por mí, dejándome aún más desorientada. Lo peor fue que le creí cuando me dijo que todo era culpa mía. Me culpé a mí misma, me deprimí y los pensamientos suicidas inundaban mi mente día tras día. Estaba enfadada porque no sabía qué me pasaba o que no podía hacer que la relación funcionara. Al cabo de un tiempo, mi ex decidió que había terminado conmigo y me quedé en el peor estado mental de mi vida. En lugar de desaparecer una vez terminado el maltrato, todos esos sentimientos negativos se amplificaron. Estaba disociada de mí misma y de todo y todos los que me importaban. Afortunadamente, pude buscar ayuda de un terapeuta que me diagnosticó un TEPT y me puso en el camino

correcto para curarme». — María.

Factores desencadenantes comunes del TEPT

Las reacciones continuas debidas a traumas pasados se desencadenan por estímulos psicológicos que evocan recuerdos del suceso. Los desencadenantes pueden ser internos y externos, persiguiendo a la víctima mucho después de que el suceso deje de ocurrir. En el abuso narcisista, mantener el contacto con el agresor aumenta la probabilidad de que se produzcan desencadenantes. Esta es otra razón por la que no tener contacto es la mejor opción para dejar atrás una relación abusiva. Sin embargo, los estímulos desencadenantes tienen un propósito; una vez que lo reconozca, pueden ayudarle a superar el trauma. Si simplemente intenta apartar los malos recuerdos al fondo de su mente, está dejando que las heridas supuren y lo envenenen. Se está impidiendo avanzar. Los desencadenantes son un duro recordatorio de que tiene un trauma que curar.

Los desencadenantes comunes del TEPT tras un abuso narcisista incluyen, entre otros, los siguientes:

- Un mensaje de texto o un correo electrónico del agresor.
- Oír la voz del maltratador.
- Objetos que compartieron y lugares que frecuentaron juntos.
- Encuentro con conocidos comunes.
- Noticias sobre el tema que apasiona al agresor.
- Ruidos que hacía el agresor.
- Una canción.
- El timbre de la puerta o un teléfono sonando.
- Críticas y conversaciones negativas de otra persona.

Aunque se anima a todas las personas que sufren TEPT a curarse a su propio ritmo, es crucial dar el primer paso reconociendo los factores desencadenantes. Tómese tiempo para reflexionar regularmente sobre las situaciones o experiencias que desencadenan sus reacciones. Ser consciente de estos estímulos le enseña a anticiparse a las situaciones potencialmente desencadenantes y a desarrollar estrategias de afrontamiento.

Afecciones concurrentes

No es raro que los individuos con TEPT causado por abuso narcisista experimenten afecciones concurrentes como depresión, ansiedad o conductas autodestructivas.

Ansiedad

La mayoría de los supervivientes de abusos narcisistas siguen experimentando ansiedad mucho después de distanciarse del narcisista. Debido a su codependencia, es probable que se sienta ansioso, perdido e intranquilo inmediatamente después de cortar los lazos, lo cual es normal. Sin embargo, en algunos casos, esto puede continuar durante meses e incluso años después. Como las emociones negativas persisten, dudará en entablar nuevas relaciones y confiar en los demás. Estará en un estado constante de hipervigilancia, sintiendo que debe trabajar activamente para mantenerse fuera de peligro.

La mejor manera de lidiar con la ansiedad tras un abuso narcisista es simplemente aceptar las emociones. Puede que se sienta desorientado y experimente intensos ataques de pánico, y eso está bien. Una vez que haya reconocido la ansiedad, puede abordarla aprendiendo a calmar su mente y su cuerpo. Trabajar con un profesional de la salud mental también hará que sus síntomas sean más manejables y le permitirá superar su trauma.

Depresión

Tratar con un maltratador narcisista es mental y emocionalmente agotador, de ahí que las víctimas sean propensas a desarrollar depresión. Es posible que carezca de propósito y piense que no vale nada, que es débil o que está confundido tras dejar atrás la relación abusiva; así es como el maltratador le hizo creer. También siente una profunda tristeza porque está de luto por la pérdida de un ser querido, junto con los sueños y planes que tenía con esa persona. Además, es posible que experimente sentimientos de culpa y vergüenza por haber permitido que el narcisista lo tratara como lo hizo. Se autoaislará y caerá cada vez más profundamente en la trampa de los pensamientos depresivos. Al igual que con la ansiedad, la clave está en aceptar los pensamientos y sentimientos que causan su depresión y encontrar formas de superarlos con la ayuda de un profesional de la salud mental.

Autodestrucción

La culpabilidad que sienten las víctimas por lo que les ha sucedido a menudo los lleva a adoptar comportamientos autodestructivos. Por ejemplo, puede pensar que necesita castigarse porque cree que fue culpa suya que el narcisista lo tratara tan mal. Los hábitos autodestructivos pueden incluir autolesiones físicas o adicciones, como beber y comer en exceso, apostar, fumar, tomar sustancias ilegales, ir de compras y otros comportamientos de riesgo. La autodestrucción también puede ser emocionalmente destructiva, incluyendo cortar con la gente, ser grosero con ellos o evitarlos por completo porque la víctima no cree que merezca tener relaciones sanas en su vida. Estos mecanismos de afrontamiento poco saludables pueden ayudar a adormecer el dolor temporalmente, pero a menudo dejan tras de sí consecuencias mentales, emocionales y físicas que añaden otra capa a la complejidad del trauma emocional. En lugar de seguir autocastigándose por los abusos sufridos, se anima a las víctimas a buscar ayuda de profesionales médicos que puedan enseñarles técnicas de afrontamiento más eficaces.

Condiciones físicas

El TEPT suele ir acompañado de afecciones físicas, que son consecuencia directa de la respuesta inadecuada a los desencadenantes. Los niveles elevados de cortisol provocan un aumento de los niveles de colesterol, de la presión arterial y de la frecuencia cardiaca, lo que añade aún más tensión al sistema cardiovascular de la persona y aumenta la incidencia de derrames cerebrales, infartos de miocardio y otras enfermedades cardiovasculares. Unos niveles más altos de hormonas del estrés en la sangre también pueden favorecer el almacenamiento de grasa y el desarrollo de mecanismos de afrontamiento poco saludables, como los atracones y la bebida. El estrés crónico también puede afectar a la sensibilidad a la insulina, los niveles de azúcar en sangre y el metabolismo de la glucosa, lo que conduce al aumento de peso, la obesidad y la diabetes de tipo II. Estar sometido a un estrés prolongado puede intensificar las respuestas inflamatorias del organismo, provocando rigidez articular y dolor crónico. Las secuelas emocionales, así como el estrés y la ansiedad constantes pueden hacer que le cueste conciliar el sueño o que tenga pesadillas, haciendo que se sienta agotado y experimente pérdida de memoria y niebla mental.

Opciones de tratamiento del TEPT

Afortunadamente, existe una gran variedad de modalidades de tratamiento disponibles para el TEPT, todas ellas adaptables a las distintas necesidades y preferencias.

Terapia cognitivo-conductual

La terapia cognitivo-conductual, o TCC, es un enfoque de tratamiento orientado a objetivos cuyo objetivo es identificar y cambiar las pautas de pensamiento y los comportamientos negativos. Puede ayudarle a superar la depresión y la ansiedad que pueda estar sufriendo debido a la relación tóxica, ayudándole a reconocer puntos de vista distorsionados como la culpa, la baja autoestima y los sentimientos de inutilidad. Durante la TCC, se anima a los pacientes a participar activamente en su viaje de sanación trabajando junto con el terapeuta en el establecimiento de objetivos de tratamiento, la identificación de creencias y comportamientos problemáticos y la elaboración de estrategias eficaces para desarrollar patrones de pensamiento más sanos.

La TCC fomenta una sensación de empoderamiento y control sobre el proceso de curación, ayudándole a comprender cómo alterar las ideas negativas para crear mejores comportamientos y respuestas. Al destacar la conexión entre pensamientos, emociones y comportamientos, la TCC puede ayudarle a identificar y cuestionar las creencias negativas sobre usted mismo y los demás, y a aprender a desarrollar respuestas emocionales más sanas. También anima a identificar las actitudes e ideas erróneas o perjudiciales que se interiorizaron y a modificarlas para promover el bienestar psicológico.

La TCC incorpora diversos enfoques de tratamiento eficaces, como técnicas de relajación, ejercicios para mejorar las habilidades cognitivas y entrenamiento en asertividad, todos ellos alternativas más sanas a los comportamientos autodestructivos. También puede ayudarle a desarrollar una imagen más realista y positiva de sí mismo desafiando las creencias negativas sobre sí mismo, sustituyéndolas por otras más sensatas y enseñándole a ser más amable consigo mismo.

Terapia EMDR

La terapia de desensibilización y reprocesamiento por movimientos oculares (EMDR, por sus siglas en inglés) es un enfoque terapéutico para los trastornos mentales derivados de experiencias traumáticas anteriores. Centrada en facilitar el procesamiento y la integración de los recuerdos traumáticos, se anima a los pacientes a evocar recuerdos angustiosos mientras ejecutan simultáneamente movimientos oculares específicos. Esto último activa el sistema natural de procesamiento de la información del cerebro, permitiendo que los recuerdos traumáticos se procesen e integren con eficacia.

La terapia EMDR pretende señalar y abordar las causas subyacentes del estrés y la ansiedad relacionadas con experiencias traumáticas pasadas. El terapeuta guía al paciente mientras rememora recuerdos específicos a través del protocolo de ocho fases. Los movimientos oculares facilitan la atención dual, en la que uno puede tomar conciencia simultáneamente del recuerdo traumático mientras se centra en los estímulos externos. El enfoque de atención dual promueve la desensibilización de los recuerdos traumáticos y reduce la intensidad de las emociones que desencadenan.

Entrevista motivacional

La entrevista motivacional (EM) es un enfoque terapéutico que potencia la motivación intrínseca del individuo para el cambio. Mediante la escucha activa, la empatía y las técnicas de afirmación, los pacientes pueden apropiarse de sus acciones y de su papel en sus circunstancias actuales. Les permite explorar la discrepancia entre sus comportamientos actuales y sus valores más íntimos, permitiéndoles reconocer la necesidad del cambio y aceptar la responsabilidad.

Las técnicas de la EM incluyen la formulación de preguntas abiertas, la escucha reflexiva y la exploración de las razones que hay detrás de las dudas a la hora de buscar tratamiento (vergüenza, culpabilidad, miedo a las represalias, etc.), todo lo cual mejora la disposición de la persona a aceptar y participar activamente en el tratamiento. Esta es otra forma en que las víctimas de abusos pueden tomar las riendas de sus vidas: redescubriendo su capacidad inherente para cambiar y tomar sus propias decisiones.

Arteterapia

En la terapia artística, los pacientes aprenden a utilizar el arte para interpretar, expresar y resolver sus sentimientos y pensamientos. Al explorar sus emociones, pueden comprender problemas o pensamientos y sentimientos preocupantes.

La arteterapia permite a los individuos expresarse y comunicar experiencias, emociones y pensamientos que no pueden transmitir de otra manera. Crear arte dentro de un contexto terapéutico es una forma fantástica de exteriorizar las experiencias traumáticas y comprender su impacto. Al explorar los materiales artísticos y las representaciones simbólicas que surgen, las víctimas de abusos pueden comprender mejor qué causó su vulnerabilidad y los problemas subyacentes relacionados con el trauma u otros retos a los que potencialmente se enfrentan tras dejar una relación narcisista.

Hacer arte tiene una forma de calmar y enraizar la mente. Además de favorecer la relajación, los movimientos repetitivos y rítmicos utilizados en la creación artística dan un sentido de finalidad, fomentan una mejor regulación emocional y alivian los síntomas de ansiedad.

Estrategias de afrontamiento para controlar el TEPT

Además de las enumeradas anteriormente, existen muchas otras estrategias de afrontamiento para controlar el TEPT resultante del abuso narcisista.

Enfoque centrado en las emociones

Esta estrategia se basa en la capacidad de la víctima para desenterrar, aceptar y aprender a gestionar diferentes emociones. Por ejemplo, la angustia puede abordarse encontrando un cierre dentro de uno mismo. Esto es especialmente beneficioso para quienes no pueden seguir adelante porque no encuentran un cierre con un narcisista. Reflexionar sobre los aspectos positivos de la relación, como las lecciones que aprendió o el crecimiento personal que logró, es otra forma de cerrar este capítulo de su vida.

El resentimiento puede abordarse mediante técnicas de alivio emocional como jugar con una pelota antiestrés, gritar en un espacio privado y cualquier otra actividad que le haga sentirse relajado. Canalizar su energía para apoyar a otras personas que se enfrentan actualmente a abusos emocionales es otra forma de prevenir la acumulación de ira. Compartir su historia y proporcionar apoyo emocional puede permitir a otras personas que atraviesan situaciones similares afrontarlas mejor.

El miedo y la ansiedad pueden vencerse mediante técnicas de atención plena como la meditación o la respiración profunda.

Técnicas de atención plena

La meditación de atención plena implica estar plenamente presente y ser consciente de sus pensamientos, emociones y sensaciones corporales sin juzgarlos.

Instrucciones:

1. Cuando sienta que su ansiedad aumenta, permítase un descanso.
2. Aléjese de la situación o tómese unos momentos a solas para calmarse. Alejarse físicamente de la fuente inmediata de frustración puede evitar que reaccione impulsivamente y que la situación se agrave.
3. Respire hondo unas cuantas veces, cierre los ojos y concéntrese en las sensaciones que recorren su cuerpo.
4. Reconozca cualquier pensamiento o sentimiento negativo que tenga y déjelo ir con una exhalación profunda.

La respiración profunda es otra poderosa técnica de relajación.

Instrucciones:

1. Busque un lugar tranquilo para sentarse o tumbarse y respire lenta y profundamente.
2. Concéntrese en la sensación de la respiración cuando entra y sale de su cuerpo.
3. La respiración profunda activa la respuesta de relajación del cuerpo, reduciendo el estrés y la ira. Como resultado, podría experimentar un brote repentino de emociones negativas.
4. Deje que todo se vaya mientras sigue respirando todo el tiempo que necesite.

Diario

La confusión es otra emoción que experimentan las víctimas de abuso narcisista. Llevar un diario es otra forma de obligarse a ser más consciente de sus pensamientos y su comportamiento después de una relación abusiva. Durante el mismo, puede anotar los comportamientos manipuladores que haya podido experimentar en la relación e intentar identificar un patrón. Anotar en un papel estos casos de *gaslighting* puede ayudarle a comprender mejor la situación y a validar sus sentimientos.

Un diario puede ser tan sencillo o tan detallado como usted desee. Puede llevar un diario en papel en el que detalle todos sus pensamientos, sentimientos y acciones diarias. También puede utilizar una aplicación en su teléfono.

Instrucciones:

1. Cuando se esté preparando para irse a la cama, repase las experiencias que tuvo durante la relación abusiva. Su mente tiende a hacerlo de forma natural, así que solo tendrá que seguir sus pistas.
2. Elimine cualquier distracción, como aparatos electrónicos o cualquier cosa que produzca sonidos, luces, olores o le haga reaccionar.
3. Relájese y concéntrese en las situaciones estresantes. Intente recordar acontecimientos en los que tuvo que ser más paciente, llegar a un compromiso o cuando hizo algo que iba en contra de sus valores solo para apaciguar al maltratador.
4. Observe cualquier patrón que aparezca en sus pensamientos, sentimientos y comportamientos.
5. Al descubrir estos problemas, se estará capacitando para afrontarlos en lugar de ocultarlos tras pensamientos dañinos.

Visualización de curación interior

A veces, la mejor forma de curarse de un trauma y del TEPT es perdonar al agresor. Aunque es más fácil decirlo que hacerlo, la visualización de sanación interior puede ayudarle.

Instrucciones:

1. Encuentre un espacio tranquilo donde no le molesten.
2. Siéntese o túmbese cómodamente, respire hondo y cierre los ojos.
3. Visualícese rodeado por la carga del abuso narcisista.
4. A continuación, imagínese liberándose de esta carga. Imagínese perdonando al maltratador como un acto de liberación de su control.
5. Puede que sea incapaz de perdonarlo de inmediato, y eso está bien. Algunos pueden curarse en pocas semanas, pero a otros les lleva más tiempo liberarse de la carga emocional de su pasada relación narcisista.
6. Realice la técnica de visualización con regularidad y sentirá cómo sus emociones cambian de negativas a positivas.

Yoga

Realizar actividades físicas libera la energía reprimida asociada a la ira. El yoga puede reducir la tensión física y promover la relajación, aliviando eficazmente los efectos del TEPT. La postura de la montaña que se describe a continuación promueve una mejor conciencia postural y corporal.

Instrucciones:

1. Póngase de pie con los pies juntos. Sus talones deben estar a una pulgada de distancia con los dedos gordos de los pies tocándose.
2. Levante los dedos de los pies del suelo, manteniendo los talones firmemente plantados en el suelo.
3. Después de separar los dedos de los pies, vuelva a apoyarlos en el suelo.
4. Levante el pecho hacia el techo sin moverlo hacia delante.
5. Respire profundamente y permita que su pecho se expanda. Sus hombros deben acercarse lo más posible entre sí, con la parte superior alejada de las orejas.
6. Cuelgue los brazos junto al cuerpo, con las palmas hacia delante, y relájese.
7. Su cabeza debe estar paralela a sus caderas.
8. Mirando hacia delante, respire profundamente unas cuantas veces y mantenga la postura hasta que se sienta cómodo.

Capítulo 8: Recuperar su vida y su identidad

Usted tiene el poder de cambiar su presente. La vida después de un abuso narcisista puede resultar confusa y desorientadora. Puede ser difícil tratar de encontrar quién es usted, preguntándose si su verdadero yo se ha perdido para siempre. No tiene por qué ser así. Usted tiene el poder de redescubrir su verdadero yo y descubrir quién es. Usted no es su pasado, y usted no es lo que su narcisista le dijo. Solo usted puede decidir su identidad, y nadie puede arrebatársela. Su luz interior brilla por muy perdida que se sienta. En este capítulo aprenderá a recuperar su identidad y a dar los pasos necesarios para reconstruir su auténtico yo.

Puede sentir que ha perdido su identidad tras el abuso narcisista

https://www.pexels.com/photo/close-up-of-hand-holding-text-over-black-background-326576/

Identificación proyectiva patológica

Durante el abuso narcisista, usted puede haber estado en el extremo receptor de acusaciones infundadas. El narcisista puede haberlo acusado de mentir, engañar o manipularlo. Cuando en realidad, probablemente fueron ellos. Un narcisista proyecta sus sentimientos y emociones desagradables en la víctima, lo que les hace sentir esos sentimientos que suelen asociarse con la culpa o la vergüenza. Entonces tratan a la víctima en consecuencia, como vergonzosa y digna de odio y ridículo. Esta técnica de manipulación se denomina identificación proyectiva patológica.

La identificación proyectiva fue explicada por primera vez por la psicoanalista Melanie Klein. Ella se refirió a ella como un fenómeno en el que una persona utiliza la proyección de forma que el receptor experimenta emociones de acuerdo con la proyección de la persona, y el receptor se siente forzado a reaccionar ante esos sentimientos. Pasar por un ciclo repetitivo de identificación proyectiva puede hacerle perder el sentido de sí mismo. Cuanto más tiempo permanezca en una relación, más interiorizará estas falsas representaciones. Puede que se asocie con los sentimientos de vergüenza y culpabilidad tan a menudo que eso le haga perder de vista todas las cosas maravillosas que hacen de usted, usted. Así es como su identidad puede distorsionarse de forma irreal y negativa tras enfrentarse a un abuso narcisista. Pero hay esperanza. Para poder emprender su viaje de autoexploración, necesita darse cuenta de que las mentiras que su maltratador le ha contado sobre usted son, de hecho, solo mentiras. Eran un reflejo de la vergüenza del narcisista incrustada en su subconsciente. También es posible que nunca lo hayan visto tal y como es. La historia que le contaron sobre usted no era más que una versión inventada de cómo se ven realmente a sí mismos.

Explore su verdadera identidad

Si le dijeran que todos sus sentimientos y experiencias no tienen valor o que sus límites han sido violados por un maltratador narcisista, es probable que le cueste definir quién era realmente antes del maltrato. Como víctima, llega a estar tan centrada externamente en el narcisista y en las demás personas de su vida que pierde el sentido de quién es y de lo que le gusta o disgusta. Se centra tanto en los demás que le resulta difícil separar sus valores, deseos o anhelos de los de ellos. Para conectar con su verdadero yo y replantear sus pensamientos, necesita conectar con su cuerpo.

Saber quién es usted en su núcleo

Su verdadero yo se esconde dentro de su cuerpo. Puede que haya tenido una fuerte reacción al ser desairado, menospreciado o criticado. Eso es prueba suficiente para que sepa que su verdadero yo existe en su interior y no toleraría que nadie le hiciera daño. Puede utilizar la meditación guiada para acceder a su verdadero yo en su núcleo. Puede practicarla ahora mismo simplemente cerrando los ojos y preguntándole a su cuerpo dónde está almacenado su verdadero yo dentro de su cuerpo. A continuación, concéntrese en verlo como un símbolo o una imagen. Tómese su tiempo para conectar con la sensación física de quién es usted realmente.

Establezca límites claros

Necesita empezar a establecer límites claros para protegerse. Estos límites incluyen límites temporales, emocionales y espaciales. Debe poner límites al tiempo que pasa con otras personas y definir claramente el tiempo que necesitará para usted mismo. Pasar tiempo a solas es esencial para conocerse a sí mismo. También debe mantener límites emocionales y definir qué entra dentro de un comportamiento aceptable. Tener su propio espacio también ayuda. Si no puede tener su propia casa, ¿es posible que tenga su propia habitación? También puede establecer límites sobre quién puede visitar su espacio, con qué frecuencia y durante cuánto tiempo.

Experimentar con sus opciones

Después del abuso narcisista, es posible que se olvide de las cosas que solía disfrutar. Lo más probable es que ni siquiera esté seguro de sus propias preferencias porque, durante mucho tiempo, estuvo centrado en mantener felices a otras personas. Para encontrar cosas que le hagan feliz, tiene que empezar a experimentar. Explore diferentes aficiones como pintar, tejer, cantar, escribir, visitar galerías de arte o ir a partidos de fútbol y descubra con qué disfruta más. Esto le ayudará a conocerse mejor e incluso puede que se sorprenda a sí mismo. Lleve un registro de sus experiencias, gustos y aversiones en su diario.

Aprenda a decir no

Si ha sufrido abusos, probablemente tenga tendencias a complacer a la gente. ¿Dice que sí a cada plan o favor que la gente le lanza? Si es así, necesita aprender a decir que no. Es la mejor manera de conservar nuestra energía y hacer tiempo para las cosas que nos hacen más felices. Decir que no también le ayudará a desarrollar un sentido de sí mismo.

Aprender lo que le molesta puede ayudarle a eliminar las actividades que no añaden valor a su vida. Decir no también le da tiempo para invertir más energía en las cosas que conducen al crecimiento personal.

Usted es el mejor amigo que puede tener

Todas las relaciones requieren un esfuerzo para funcionar. Ya se trate de un padre, un amigo o una pareja romántica, tendrá que invertir algo de tiempo, amor y energía para alimentar esa conexión. Usted valida sus experiencias y respeta sus gustos, aversiones, deseos y necesidades. Usted mismo tiene que hacer lo mismo. Para desarrollar un sentido sano de sí mismo, necesita convertirse en su propio mejor amigo. Necesita curar a su niño interior haciendo las cosas que realmente lo hacen feliz, cuidándose y dando prioridad al autocuidado. Tendrá que esforzarse mucho para llevar esa relación consigo mismo a un nivel superior.

Redescubrir y redefinir su identidad

Curarse de la pérdida de identidad como consecuencia de un abuso narcisista es posible. Tiene el poder en su interior para salir de las profundidades de la desesperación. Con esfuerzo y persistencia, superará este reto y descubrirá su verdadero yo.

No fue culpa suya

Sanar tras el abuso narcisista no es fácil. Está bien sentirse perdido después de salir de una relación abusiva. Puede que su identidad después no sea la que desea ser. Puede que se vea a sí mismo a través de una lente extremadamente dura después de haber interiorizado todas las cosas horribles que le llamó su maltratador. Los narcisistas suelen manipular a sus víctimas para que crean que son responsables del maltrato. Su crítico interior se ha vuelto especialmente cruel. Por eso es extremadamente importante que se dé cuenta de que el abuso que sufrió no fue culpa suya. Soltar la culpa es esencial para su proceso de crecimiento y curación.

Para una recuperación completa, recuérdese a sí mismo que merece ser tratado con amor, respeto y humildad. Es imprescindible que comprenda que el abuso fue consecuencia de los problemas de su agresor, no de los suyos. Debe interiorizar la verdad objetiva para curarse del abuso narcisista. El abuso no fue culpa suya. Usted no se lo merecía. Aceptar esto le ayudará a dar el primer paso hacia la sanación. Siga recordándose que quedó atrapado en la batalla de otra persona contra sí misma. Con el tiempo recuperará su identidad y su sentido del valor.

Aléjese del narcisista

A continuación, es extremadamente importante que mantenga las distancias con su agresor. Le ayudará significativamente en su viaje de sanación. Por mucho que los eche de menos o quiera volver con ellos, debe mantener sus emociones bajo control y crear cierta distancia. La distancia también puede ser psicológica. Puede romper el trauma no reaccionando ante ellos, por muy hirientes que sean sus palabras o por muchas ganas que tenga de devolverles la jugada. Debe hacer todo lo posible por desentenderse de la situación y observar su comportamiento.

Si es posible, cree distancia entre usted y su maltratador y corte todo contacto con ellos. Para librarse del estrés que le causan, debe cortar todos los lazos. Estar constantemente en modo lucha o huida puede perjudicar gravemente su salud física y mental. Además, crear distancia le ayudará a volver a centrarse en usted mismo. Por fin tendrá tiempo y espacio mental para atender sus propias necesidades y emociones sin miedo a disgustar al narcisista. También le dará la oportunidad de crear un espacio seguro para usted, libre de la influencia negativa de su agresor.

Busque el apoyo de sus seres queridos

Estar en una relación tóxica con un narcisista es una experiencia traumática. Este tipo de trauma se denomina trauma relacional y requiere una curación relacional. Puede buscar ayuda y validación en sus seres queridos compartiendo su historia. Ellos pueden proporcionarle el amor y la curación esenciales que necesita para superar este difícil momento. Su apoyo le dará la fuerza necesaria para encontrar su auténtico yo y reconstruir su identidad. Los supervivientes de traumas relacionales necesitan tener al menos una relación sana y de apoyo. Puede mejorar significativamente su salud mental después de sobrevivir a un abuso psicológico.

Puede confiar en amigos, familiares, grupos de apoyo, un terapeuta o un entrenador profesional para escuchar su historia y validar sus experiencias durante y después de su relación tóxica. Una relación segura y sana le ayudará a confiar en sí mismo y en los demás. También le permitirá crear relaciones satisfactorias con otras personas. La comunidad es esencial para la supervivencia de los seres humanos. Hablar con alguien a quien quiere y en quien confía puede tener un efecto extremadamente positivo en cómo se ve a sí mismo. Una charla tomando un café con sus seres queridos llegará muy lejos. Nunca subestime el poder de una charla sana con un ser querido que le haga sentirse escuchado.

Nadie es perfecto, ¡y eso está bien!

Una de las partes más importantes de su viaje de sanación es el perdón. Tiene que perdonarse por cometer errores. Todo el mundo tiene defectos, y eso está bien. Sus errores e imperfecciones no lo definen. Establecer una relación sana con usted mismo requiere autocompasión. Tiene que darse cuenta de que el abuso que sufrió no fue culpa suya y que no se lo merecía a pesar de sus defectos. Aceptar sus debilidades le ayudará a convertirlas en fortalezas y a establecer una relación más sana consigo mismo. Todo el mundo comete errores, fracasa o se lleva la peor parte de una forma u otra. Para acelerar su crecimiento y convertirse en la mejor versión de sí mismo, debe desprenderse de la necesidad de ser siempre perfecto y amable. Extienda su compasión hacia usted mismo y afirme el hecho de que usted importa y que hace de este mundo un lugar mejor con solo estar en él. Acepte que tiene un propósito mayor en esta vida, y que sanará y crecerá para convertirse en su yo más elevado. Debe desprenderse de la necesidad de ser perfecto y encontrar consuelo en sus defectos.

Aproveche sus puntos fuertes

Centrarse en sus puntos fuertes reforzará su autoestima. Desplazar su atención hacia sus atributos positivos le ayudará a recuperar su identidad y a reforzar su autoestima. El narcisista se sintió atraído por usted debido a sus puntos fuertes, y esos mismos puntos fuertes lo hicieron sentirse inseguro. Por eso los narcisistas suelen empeñarse en destrozar la autoestima de su víctima. Nunca querrían que usted reconociera sus propios puntos fuertes, por lo que habrán hecho todo lo posible para que se sintiera inferior. Los narcisistas minan su autoestima para mantenerlo dependiente de ellos y hacerlo sentir que no vale nada.

Necesita creer en usted mismo. Tiene tantos dones que podría perfeccionar y utilizar en beneficio de la sociedad y de las personas que lo rodean. Solo tiene que reconocerlos. Conseguir un estado mental pacífico requiere mucha curación persistente y trabajo duro. Sin embargo, es ciertamente posible. Puede hacer una lista de sus puntos fuertes en su teléfono o en un diario que lleve siempre consigo. De ese modo, podrá anotar cualquier punto fuerte o pensamiento positivo sobre usted mismo. También puede escribir todas las cosas que le gustan de usted, sus habilidades, logros y rasgos positivos. A continuación, haga un esfuerzo consciente por participar en actividades que lo ayuden a resaltar esas cosas, lo que le permitirá reforzar su sentimiento de autoestima y confianza. Además, manténgase rodeado de personas positivas y seguras que validen sus experiencias y lo apoyen para convertirse en su mejor yo. También debe dar prioridad al cuidado de sí mismo para aumentar su confianza y fe en sí mismo.

Permítase sentir

La única forma de ganar poder sobre sus emociones es sintiéndolas. No hay otra forma de hacerlo. Reconozca sus sentimientos tras el abuso que sufrió y no se juzgue por ello. Tómese su tiempo para reconocer y expresar sus sentimientos escribiendo o hablando con un amigo o un profesional. Eso le ayudará a procesar sus emociones y a comprender mejor sus sentimientos a medida que los expresa. También puede ayudarle a comprender su experiencia a través de una nueva perspectiva al tiempo que libera cualquier emoción negativa que pueda estar sintiendo.

Tenga en cuenta que es habitual sentirse enfadado y frustrado durante este proceso. Sus verdaderos sentimientos saldrán a la luz a medida que se sienta seguro. Puede sentirse confuso o incluso desalentado, ya que nunca podría expresarse libremente delante de su agresor. Sin embargo, para avanzar en la vida, sienta su ira y adueñese de ella. Sentir su ira y poseerla no significa que se apegue a ella. Puede utilizar una agresividad sana, expresar sus pensamientos y convertirse en la persona que siempre ha querido ser. Sin embargo, no se deje consumir por el odio, ya que puede hacer que se quede atascado en el interminable ciclo del asco y la aversión. También podría sentir tristeza en el proceso. Mantenga esos sentimientos bajo control y asegúrese de que no lo consuman. No permita que la desesperanza se apodere de usted. Es posible sentirse triste y funcionar al mismo tiempo. Eso es lo mejor del tiempo. Pasa. Con el tiempo, usted sanará. Crecerá hasta convertirse en su yo más fuerte y auténtico. Asegúrese de ser persistente en su viaje de sanación y saldrá fortalecido.

Reconecte con sus valores esenciales: Identificar y abrazar sus valores esenciales es una parte esencial de la recuperación de su identidad. Sus valores son los principios y creencias que definen quién es usted en el fondo. Tómese un tiempo para reflexionar sobre lo que realmente le importa, lo que defiende y lo que quiere que represente su vida. Podrían ser valores como la compasión, la integridad, la creatividad o el crecimiento personal. Una vez que haya identificado estos valores, haga un esfuerzo consciente para integrarlos en su vida diaria. Alinear sus acciones con sus valores le ayudará a recuperar un sentido de autenticidad y propósito.

Potencie su voz interior: Durante y después del abuso narcisista, es habitual que su voz interior se vea ahogada por las voces manipuladoras y críticas del abusador. Reconectar con su verdadero yo implica potenciar su voz interior y desarrollar la confianza en sí mismo. Desafíe y reformule la autoconversación negativa que el narcisista puede haberle inculcado. Practique afirmaciones positivas y recuérdese a sí mismo sus puntos fuertes, sus logros y las cualidades que lo hacen único. A medida que fortalezca su voz interior, esta se convertirá en una luz que lo guiará y lo ayudará a tomar decisiones que se alineen con su auténtico yo.

Establezca objetivos y límites significativos: Establecer metas y límites significativos es una forma poderosa de afirmar su identidad y reclamar su autonomía. Estos objetivos pueden estar relacionados con el crecimiento personal, la carrera profesional, las relaciones o cualquier área de su vida en la que desee centrarse. Establecer y alcanzar estos objetivos no solo aumentará su autoestima, sino que también le ayudará a recuperar la sensación de control sobre su vida. Sea paciente consigo mismo y celebre sus progresos a lo largo del camino. Los límites saludables son igualmente cruciales, ya que protegen su bienestar emocional y se aseguran de que se involucre en relaciones y actividades que se alinean con su verdadero yo.

En el proceso de redescubrir su verdadero yo, recuerde que la sanación no es lineal y que está bien tener contratiempos. Su viaje puede tener momentos de duda, pero su resistencia y determinación lo guiarán en última instancia hacia una vida más auténtica y plena. Con el poder de definir su propia identidad y tomar decisiones que reflejen quién es realmente, puede crear un futuro más brillante y más alineado con su luz interior.

Capítulo 9: Sanar a su niño interior

Muchos de sus pensamientos, emociones, comportamientos y acciones están influidos por su infancia. No importa lo mayor que se haga una persona, siempre lleva su juventud en el corazón. Su infancia moldea su personalidad y su vida adulta. Muchas de las decisiones que la gente toma hoy en día están influidas por sus padres, la escuela, su entorno temprano y la forma en que fueron criados.

Su infancia moldea su personalidad y su vida adulta

https://unsplash.com/photos/boy-holding-brown-leaf-covering-his-face-Pp2XOLkS5Jg?utm_content=creditShareLink&utm_medium=referral&utm_source=unsplash

Probablemente se esté preguntando si su infancia ha desempeñado algún papel en su atracción por el narcisista. Antes de responder a esta pregunta, debe saber que nada de esto es culpa suya. Usted es víctima de una persona tóxica, y nada de lo que usted hizo provocó este abuso.

Sus experiencias infantiles afectan a su autoestima y a sus relaciones, lo que puede hacer que, sin ninguna culpa suya, se sienta atraída por un narcisista. Los individuos tóxicos también se aprovechan de sus debilidades y vulnerabilidades para manipularlo y controlarlo.

Este capítulo ofrece consejos y sugerencias prácticas para nutrir los aspectos heridos y desatendidos de su niño interior, de modo que ya no siga controlado por su pasado.

El niño interior herido

¿Cómo se sentiría si viera a un niño pequeño herido? Imagine que este niño está magullado y traumatizado. En lo más profundo de su ser, hay un niño similar llorando de dolor, esperando ser escuchado y salvado.

Su niño interior es una parte joven de su subconsciente que aún conserva sus recuerdos, creencias y emociones de la infancia. Al igual que Peter Pan, una parte de usted nunca creció y aún conserva muchas características infantiles como la creatividad, la espontaneidad, la inocencia y el carácter juguetón.

¿Alguna vez ha olido algo y le ha traído un recuerdo de su infancia? Por ejemplo, una amiga está horneando galletas y el olor le transporta a casa de su abuela. De repente recuerda todas las veces que la visitó y ella le hacía sus galletas favoritas. Su niño interior recuerda todos esos cálidos recuerdos. También es la parte de usted que se emociona cuando se compra un móvil nuevo o cuando su jefe le hace un cumplido.

Por desgracia, su niño interior también guarda todo el dolor, los traumas y el rechazo de su infancia. Puede que aún recuerde al niño malo del colegio que lo acosaba, al profesor que nunca creyó en usted y a su primer enamoramiento que no sentía lo mismo. Todas sus experiencias infantiles, ya sean traumáticas o alegres, dan forma a su niño interior. Las situaciones positivas despiertan cálidos recuerdos y emociones en su niño interior, mientras que los desencadenantes negativos abren viejas heridas.

Múltiples factores causan estas heridas:

- **Negligencia:** Si uno o ambos padres desatendieron sus necesidades, crecerá con emociones reprimidas, baja autoestima y una incapacidad para decir «no» a los demás.
- **Culpabilidad:** Si sus padres u otros miembros de la familia solían hacerlo sentir culpable, incluso de cosas que no eran culpa suya, crecerá sin límites y le costará pedir ayuda cuando la necesite.
- **Confianza:** Las primeras personas en las que confía un niño son sus padres. Si su madre o su padre rompen su confianza o no lo protegen, se volverá inseguro. No podrá entablar relaciones estrechas con la gente porque teme que le hagan daño.
- **Abandono:** Si las personas a las que más quería lo abandonaron, crecerá pensando que todo el mundo lo abandonará.

Señales de un niño interior herido

- Complacer a la gente.
- Dificultad para decir no.
- Miedo a pedir ayuda.
- Crítica interior.
- Sentirse indigno.
- Miedo al fracaso.
- Miedo al abandono.
- Evitar conflictos.
- Mecanismos de afrontamiento poco saludables.
- Miedo a defenderse.
- Falta de límites.
- Problemas de relación y tener un patrón de entrar en relaciones poco saludables.
- Trastornos alimentarios.
- Ansiedad.
- Adicción.
- Depresión.

Cómo influyen sus experiencias pasadas en su presente

¿Sabe que la mayoría de sus creencias e ideas fundamentales se forman a los ocho años? Aunque se trata de una edad crítica, aún es demasiado joven para pensar de forma racional o lógica. Los niños de esta edad tienen una percepción diferente del mundo. Creen que todos los acontecimientos que tienen lugar en sus vidas están causados por ellos o relacionados con ellos. No se han dado cuenta de que hay otras personas en sus vidas, como sus padres, que tienen una vida y una identidad separadas de ellos. Por eso muchos niños suelen culparse cuando sus padres se divorcian. Suelen pensar: «Si hubiera estudiado más o no hubiera causado problemas en el colegio, mis padres seguirían juntos». Sus mentes inocentes no pueden comprender que los padres puedan desenamorarse o dejar de hacerse felices el uno al otro. En realidad, no tiene nada que ver con ellos.

Si su padre trabajaba todo el tiempo, rara vez estaba en casa y se comportaba de forma distante, es posible que usted creyera que no quería pasar tiempo con usted porque no lo quería. No podía entender que su padre simplemente estaba estresado.

Probablemente se ha sentido responsable de alguna experiencia negativa que tuvo en su infancia, como la negligencia, el abandono o el abuso. Creía que todo era culpa suya y que se merecía las cosas malas que le pasaban. Como adulto, puede que no recuerde del todo estas experiencias, pero han tenido un gran impacto en sus emociones, relaciones y comportamiento.

Por ejemplo, usted creció con una madre irascible que se enfadaba con usted por la cosa más insignificante. Usted creía que se merecía ese trato. Si usted hubiera sido mejor, ella no le habría tratado de esa manera. Era demasiado joven para darse cuenta de que se trataba de un comportamiento abusivo. Ahora, usted sale con un narcisista, y cada vez que se enfada, siente la necesidad de disculparse. Su niño interior herido le hizo creer que sus arrebatos de ira son culpa suya.

Su niño interior herido está detrás del volante, controlando todo lo que dice o hace. Cuando experimenta una situación que desencadena el dolor del pasado, puede reaccionar igual que cuando era niño, llorando, soñando despierto, viendo la televisión o comiendo dulces. Si sufrió un trauma a los cuatro años, es posible que su niño interior se quede estancado en esta edad para siempre y reaccione de forma infantil cuando se le desencadene.

También puede empujarlo a repetir experiencias traumáticas de su infancia. Por ejemplo, uno de sus padres lo abandonó cuando era niño. Puede que crezca saliendo con una persona con problemas de compromiso que lo dejará en cualquier momento. En el fondo, usted cree que puede arreglarlos o curarlos. No pudo hacer que sus padres se quedaran, así que su niño interior lo empuja ahora a demostrar a todos su valía para que no lo abandonen.

Fíjese en un patrón de comportamiento como salir con personas tóxicas. Aunque su cerebro racional adulto sepa que esa persona no es adecuada para usted, su niño interior sigue repitiendo el ciclo del trauma.

Sanar a su niño interior

Sigue repitiendo sus experiencias traumáticas sin darse cuenta. Está atrapado en un bucle tóxico y no puede salir de él. Cuando cure a su niño interior, no se quedará atascado en el pasado ni se guiará por un niño perdido y herido que aún no ha descubierto cómo funciona el mundo.

Abrácese a sí mismo

¿Qué hace cuando ve a un niño herido o llorando? Su primer instinto es abrazarlos y decirles: «Todo irá bien». Su niño interior también necesita consuelo y reafirmación. Puesto que forma parte de usted, acostúmbrese a abrazarse todos los días.

Agárrese fuerte y libere todas las emociones reprimidas como la tristeza o la ira. Llore o grite si lo desea. Crea que lo que está haciendo sanará esta parte rota de usted mismo.

«El abrazo de la mariposa» es una técnica tranquilizadora y le permitirá procesar sus emociones.

Instrucciones:

1. Cruce las manos y colóquelas sobre el pecho.
2. Una sus pulgares para crear una mariposa.
3. Coloque la punta de los dedos por debajo de las clavículas.
4. Golpee su pecho con ambas manos.
5. Respire lenta y profundamente.

6. Experimentará muchos pensamientos y emociones. Obsérvelos sin juzgarlos y déjelos pasar.
7. Haga esto durante tres minutos cada día.

Recuerdos felices

Su niño interior puede estar tan traumatizado que solo se centre en los malos recuerdos. Ayúdele a ver los momentos felices que vivió en su infancia. Quizá solía pasar todos los fines de semana en casa de su abuela jugando con sus primos.

Dedique unos minutos cada día a recordar esas cálidas emociones. Cree una imagen vívida pensando en los olores, sonidos, imágenes y todo lo que sintió en esos momentos. Observe cómo se siente su cuerpo mientras lo hace.

Si no tiene ningún buen recuerdo de su infancia, cree uno. Simplemente cierre los ojos e imagine algo que desearía haber vivido de niño y visualícelo con todo detalle. Hágalo lo más realista posible.

Trabajo con espejos

Si sufrió malos tratos o tuvo padres tóxicos, probablemente influyeron en sus pensamientos y en su autoestima. Puede que experimente pensamientos como «No soy lo bastante bueno» o «Nadie me quiere». La técnica del trabajo en el espejo cambia su patrón de pensamiento y su narrativa interna negativa para que pueda desarrollar una relación sana consigo mismo.

Instrucciones:

Todos los días, póngase delante del espejo, mírese profundamente y repita afirmaciones positivas.

- Merezco que me quieran.
- Yo importo.
- Merezco respeto.
- Soy digno.
- Mis pensamientos y sentimientos importan.

Practique la autocompasión

Como todavía está herido, puede que le cueste ser amable y compasivo consigo mismo. Esto es especialmente cierto si creció con padres que le hicieron creer que todo era culpa suya. Practicar la autocompasión reduce la depresión, el estrés y la ansiedad para sanar a su niño interior.

Hay varios ejercicios que puede probar:

Diario de autocompasión

Cada noche, escriba en su diario cualquier cosa que haya hecho que le haya enfadado consigo mismo o le haya provocado sentimientos de culpa, como gritar a un camarero. Después, escriba las razones que motivaron sus acciones. Por ejemplo, le gritó al camarero porque su pedido llegaba tarde y usted tenía prisa porque tenía una reunión importante.

Al anotar las razones de sus actos, se recuerda a sí mismo que es una buena persona que a veces comete errores. Usted no va por ahí gritando a la gente sin motivo. Sí, hizo algo mal, pero eso no lo define.

En lugar de machacarse después de cada error, comprenda que es normal tener días malos y actuar fuera de lo normal. No es el fin del mundo.

Meditación de autocompasión

Instrucciones:

1. Busque un lugar tranquilo y siéntese en una posición cómoda.
2. Respire larga y profundamente, sienta cómo se llenan sus pulmones.
3. Imagínese inhalando energía y vibraciones positivas.
4. Exhale e imagine que está liberando la negatividad de su cuerpo.
5. Siga respirando y visualícese rodeado de una gran bola de luz, que representa la energía positiva.
6. Sienta cómo le abraza y libera de su corazón, mente y alma todo lo que alguna vez le ha causado dolor.
7. Con voz muy calmada, repita: «Soy amor, soy amado».
8. Imagínese que le da una palmadita en la espalda a su niño interior.
9. Hágale saber que lo quiere y lo acepta.

Desafíe a su crítico interior

Su crítico interior es esa voz dentro de su cabeza que lo juzga y le dice que no es lo bastante bueno. En lugar de intentar ignorarla, cambie su tono. Imagine que es la voz de un personaje de dibujos animados o de un programa de televisión. Por ejemplo, cada vez que comete un error, su voz interior le dice: «¿Podrías ser más estúpido?». Se trata de una afirmación hiriente que puede hacer tambalear su confianza. Ahora, imagine esta misma frase en la voz de Chandler Bing, de la serie *Friends*. Ahora suena tonta y pierde toda credibilidad, ¿verdad?

Escriba una carta a su niño interior

¿Recuerda todos los momentos en los que necesitaba el aliento o el apoyo de sus padres, pero ellos no estaban ahí para usted? Pues bien, ahora que es usted adulto, puede darle a su niño interior el consuelo que necesita desesperadamente. Escriba una carta y diga todo lo que necesita oír, luego léala en voz alta con compasión y amabilidad.

Sea su propio padre

Aunque muchos niños ven a sus padres como superhéroes, cuando crecen se dan cuenta de que sus padres a menudo no saben lo que hacen. Seguramente hicieron todo lo que pudieron, pero muchos niños aún les guardan rencor. Es probable que su niño interior también siga albergando rencor hacia los suyos. Eran adultos y deberían haberlo sabido.

No puede arreglar a sus padres y, desde luego, no puede retroceder en el tiempo para arreglar su infancia. Sin embargo, puede ser un padre para su niño interior y darle el amor y los cuidados que nadie le dio antes. Siempre que su niño herido esté molesto, consuélelo y trátelo con amor, comprensión y compasión.

Controle a su niño interior

Revísese todos los días y pregúntele a su niño interior cómo se siente. Esto forma una conexión entre ustedes dos. También distinguirá entre sus sentimientos adultos y los influenciados por ellos.

El impacto de las heridas infantiles no cicatrizadas

¿Qué ocurre si deja sus heridas sin tratar? Teniendo en cuenta que su niño interior influye en todos los aspectos de su vida cuando está herido, esto puede tener un impacto negativo en su bienestar. Imagínese que lo controla un niño enfadado y emocional; ¿cómo cree que repercutirá esto en su vida?

Autoestima

Si crece con unos padres demasiado críticos, su voz puede acompañarlo el resto de su vida. Cuando se convierte en adulto, esta voz moldea sus pensamientos y su forma de ver el mundo que lo rodea. Si su madre solía decirle: «Nunca tendrás éxito», estas palabras resonarán en su cabeza antes de un examen o una entrevista de trabajo. Si sigue oyendo una voz que critica todos sus logros o le recuerda los fracasos del pasado, nunca intentará nada nuevo. Su autoestima se resentirá tanto que ni siquiera será capaz de dejar una relación malsana. Habrá perdido su autoestima y creerá que nunca encontrará a otra persona que lo quiera.

Comprenda que nada de lo que dice esta voz es cierto. Son solo pensamientos negativos que juegan con sus inseguridades y vulnerabilidades.

Problemas de relación

Observe todas sus relaciones pasadas. ¿Nota un patrón? ¿Solo se enamora de personas tóxicas y abusivas? Su niño interior tiene un gran impacto en las personas con las que sale. Si está herido, no podrá conectar con los demás, establecer interacciones sanas ni construir relaciones sólidas. Acabará yendo de una relación negativa a otra hasta que se cure.

Sus reacciones

Su niño interior puede manifestarse en sus interacciones cotidianas. ¿Ha tenido alguna vez una gran reacción ante una situación pequeña e insignificante? Ese es su niño interior tomando el control cuando algo lo desencadena. Por ejemplo, usted está sentado charlando con un amigo y este mira su teléfono durante unos segundos. Usted se enfada con él y le dice que deje el teléfono. Ni siquiera estaban hablando de algo importante, así que ¿por qué se enfadó? Tal vez sus padres no le prestaron atención y este pequeño incidente le provocó.

Cuando su niño interior está herido, lo notará en todo lo que haga o diga.

Cómo expresar las emociones reprimidas

Las emociones reprimidas son aquellas a las que no está preparado para enfrentarse. Están enterradas en lo más profundo de su subconsciente, junto con los recuerdos que las desencadenan.

Pueden afectar a su salud física y mental, además de perturbar sus relaciones. Pueden causar depresión, hipertensión, dolor o poca energía. También puede evitar los conflictos y tener dificultades para intimar y expresarse.

Una de las principales formas de curar a su niño interior herido es expresando sus emociones infantiles reprimidas.

Siga estos consejos para expresarlos.

- Revísese todos los días y diga en voz alta cómo se siente. Si esto le incomoda, puede escribir en su diario, dibujar lo que siente o escuchar una canción que resuma sus emociones.
- Utilice afirmaciones del tipo «yo» cuando hable de sus sentimientos, ya sea con usted mismo o con los demás, como «me siento muy enfadado en este momento« o «me siento muy bien por esto»
- Hable con un terapeuta para poder llegar a la raíz de sus emociones y aprender formas sanas de aliviarlas.

Beneficios de expresar las emociones reprimidas

Expresar sus sentimientos es una parte importante del proceso de sanación. Cuando dice cómo se siente en voz alta, libera todas las emociones negativas y estas ya no pueden tener ningún poder sobre usted. Su niño interior está dolido porque está reprimiendo muchas emociones de la infancia. Cuando las expresa, libera a su niño interior del dolor que ha estado reprimiendo durante tanto tiempo.

Otros beneficios de expresar los sentimientos reprimidos son:

- Reducir la ansiedad y la depresión.
- Ver los problemas desde una perspectiva diferente.
- La capacidad de comprenderse mejor a sí mismo.
- Llegar a controlar sus emociones en lugar de que sean ellas las que las controlen.

Perdonar y olvidar

Su pasado se ha ido y ya no debería afectar a su vida. Es comprensible que siga enfadada por partes de su infancia. Sin embargo, aferrarse a estos rencores solo le hará daño y arruinará su presente y su futuro. Aunque «perdonar y olvidar» es más fácil de decir que de hacer, es necesario para sanar a su niño interior y dejar atrás el pasado. No solo debe perdonar a quienes le hicieron daño, sino también perdonarse a sí mismo.

Recuerde que no podrá empezar a curarse de verdad hasta que se deshaga de su ira y su resentimiento.

Siga estos consejos para perdonarse a sí mismo y a los demás.

- Comprenda el poder del perdón y cómo puede transformar su vida.
- Reflexione sobre cómo los rencores están arruinando su vida.
- Tómese tiempo para llorar su infancia y todo el dolor que experimentó.
- Comprenda que sus padres no le hicieron daño a propósito; o no sabían hacerlo o son víctimas de malos tratos.
- Deje a un lado el resentimiento y deséeles lo mejor.
- Decida que ya no es una víctima de su pasado, así que déjelo ir y siga adelante.
- Perdónese practicando la técnica de la autocompasión. Usted no es responsable de su pasado, pero sí de en quién se convertirá.

Descargo de responsabilidad: Si sufre un trauma infantil grave o heridas emocionales, no dude en buscar ayuda profesional. Un profesional formado le dotará de las herramientas adecuadas para abordar y sanar a su niño interior herido.

Su niño interior es una parte de usted. Ha sido herido y descuidado durante mucho tiempo. Reconózcalo y hágale saber que siente su dolor. Dele el amor y los cuidados de los que fue privado para que por fin pueda soltarse y sanar.

Capítulo 10: Herramientas para prosperar como empático

La susceptibilidad que tienen los empáticos al abuso narcisista puede empujar a alguien a desear haber nacido con inclinaciones diferentes. Sin embargo, cuando canaliza su energía empática, puede desplegarse un mundo nuevo. Prosperar como empático es cuando equilibra cómodamente su impulso de conectar con el cuidado de sí mismo. La danza de servir mientras se aferra a sus límites para mantener su bienestar físico, emocional, psicológico y espiritual es fundamental para actualizarse plenamente como empático.

Establecer y mantener sus límites le ayudará a convertirse en un empático plenamente actualizado

https://unsplash.com/photos/gray-metal-fence-with-barbwire-EYDlkEskTjs?utm_content=creditShareLink&utm_medium=referral&utm_source=unsplash

No rehúya su don. A veces, lidiar con el bombardeo de energías de la gente que lo rodea le resultará abrumador, pero mantenerse firme en su autenticidad es gratificante. Los empáticos tienen la responsabilidad de acercarse a personas de distintos orígenes con comprensión y amor para construir la unidad y resolver los conflictos. Este papel es demasiado importante como para descarrilar con hábitos poco saludables que detendrán la misión por completo. Debe hacer un esfuerzo consciente para promover mantener su energía impoluta y conservar el grifo de su ser que fluye con un profundo sentido de conexión con las personas con las que se encuentra. El nihilismo hastiado es la triste conclusión del potencial empático no realizado, por lo que dedicar tiempo a comprenderse a sí mismo y a gestionar sus emociones es crucial para evitar este oscuro camino.

En un mundo polarizado, parece que todo el mundo quiere que usted elija un bando en la multitud de nuevas cuestiones políticas, sociales y culturales que surgen cada día. La empatía le permite ver todos los lados de una historia sin prejuicios y con una conexión emocional. Esto coloca a un empático en una posición única en la que puede tender puentes basándose en los puntos en común en lugar de centrarse en los desacuerdos. Florecer plenamente en su superpoder sanador y unificador requiere trabajo mental y espiritual. Los consejos, técnicas y ejercicios esbozados a lo largo de este capítulo permiten que la totalidad de sus rasgos empáticos se convierta en una prosperidad abundante.

El don de ser empático

Los hechos por encima de los sentimientos se han convertido en el mantra de todos aquellos que buscan manipular y engañar. La naturaleza ha optado por mantener las emociones por una razón. A la mayoría de las personas no las persuade ni las mueve la lógica. Una conexión emocional es una poderosa fuerza motivadora. En lugar de dejar de lado su capacidad para aprovechar los sentimientos profundos de los demás, puede utilizarla para ser impactante. Piense en todo lo que ama y valora. Probablemente no tenga en alta estima esos principios, conceptos, personas o cosas porque haya determinado lógicamente que merecían la pena. A los humanos modernos les encanta fingir que la racionalidad manda, pero sencillamente no es así como la mayoría de la gente se relaciona con el mundo y consigo misma. Una inteligencia emocional bien afinada le dará la capacidad de analizar todo el espectro de su mente en lugar de la visión fría, calculada y basada en datos que mucha gente pretende adoptar.

Ser una persona empática conlleva tantos rasgos maravillosos que puede utilizarlos para elevarse a sí misma y a los demás. Los empáticos son líderes, creadores, mediadores, visionarios y sanadores. Como tal, usted es el pegamento que puede mantener unida a una sociedad rota. Sus relaciones nunca serán superficiales, ya que siempre bucea en las profundidades y nada en esas aguas inexploradas en las que muchos temen sumergir los dedos de los pies. Su intuición es su guía mientras descubre las capas de la realidad que solo unos pocos tendrán la suerte de vislumbrar. Entre en su grandeza mientras aprende a utilizar su empatía y todo lo que conlleva para manifestar la mejor vida que podría esperar vivir.

Utilizar sus rasgos empáticos, fortalezas y vulnerabilidades

Los empáticos tienen una combinación específica de puntos fuertes, puntos débiles y rasgos de personalidad que afectan enormemente a su forma de existir en el mundo. Su objetivo debe ser potenciar al máximo sus puntos fuertes al tiempo que acepta sus puntos débiles. Además, debe comprender cómo pueden utilizarse sus rasgos de personalidad como empático para obtener el mejor resultado posible en diferentes situaciones. En un mundo narcisista y egocéntrico, es fácil dejarse engullir por los movimientos de las frías normas, pero usted puede encontrar su espacio dentro de la carrera de ratas y hacer sentir su presencia.

Los empáticos están destinados a cambiar la cultura, así que no pasa nada si usted no encaja. Abrace su individualidad y resístase a conformarse con lo que lo dejará insatisfecho. En cualquier contexto, ya sea empresarial, social o familiar, sus rasgos empáticos pueden utilizarse para promover la paz y la unidad. Los seres humanos funcionan de diversas maneras, por lo que usted puede encontrar su lugar si encarna su naturaleza emprendedora y permite que su intuición ocupe el centro del escenario. Inevitablemente, surgirán dificultades y retos, pero podrá saltar por encima de estos obstáculos si se mantiene fiel a sus motivaciones positivas sin filtros.

Amplificar sus puntos fuertes

La empatía y la sensibilidad, si se canalizan correctamente, pueden tener infinitos resultados positivos. La apertura del empático a las experiencias, su aversión a los prejuicios y su capacidad para inspirar pueden utilizarse de muchas maneras para provocar cambios y construir una existencia con sentido. Para amplificar estos puntos fuertes, hay que situarse en el entorno adecuado para florecer. Los empáticos tienden a ser introvertidos, por lo que a menudo se aíslan porque las energías mezcladas del mundo pueden volverse locas. Sin embargo, para que sus cualidades empáticas tengan impacto, tiene que ponerse en contacto con los demás.

Encerrarse en sí mismo es una forma de egoísmo, especialmente con el corazón bondadoso y solidario que tiene. No puede curar y elevar a las personas si nunca las ve. Para que los dones empáticos florezcan, debe dar el valiente paso de estar rodeado de gente. Tener más gente en su vida significa que tendrá que tomar precauciones adicionales para protegerse con autocuidado, introspección y establecimiento de límites, pero el trabajo adicional merecerá la pena cuando empiece a darse cuenta de la profunda posición que ocupa en la vida de las personas cuando se permite abrirse.

Gestionar sus debilidades

Los empáticos tienen algunas debilidades perjudiciales que pueden tener consecuencias desastrosas. Una de esas debilidades que es crucial controlar es el complejo de salvador que lo obliga a lanzarse a ayudar cada vez que ve que alguien tiene dificultades. Debe darse cuenta de que no puede ayudar a todo el mundo. Usted está emocionalmente impulsado, pero a veces necesita colocar una capa de protección sobre sí mismo teniendo el poder de decir «no». Excederse tendrá como consecuencia el agotamiento o un colapso, así que a largo plazo, puede beneficiar a más personas teniendo cierta consideración consigo mismo y poniendo limitaciones al acceso del mundo a usted.

Nunca cuestione sus límites por miedo a estar defraudando a la gente o a ser injusto. Usted ya está programado para poner los sentimientos de los demás por encima de los suyos, así que nueve de cada diez veces, cuando establece un límite, es necesario. Hágase valer y deje que su «no» resuene. Durante su tiempo a solas, considere lo que intenta conseguir y la forma en que quiere que transcurra su vida. A continuación, pregúntese qué impedirá que esta visión se haga realidad. Por último, cree límites para los comportamientos directamente opuestos a la vida que quiere vivir. Cada vez que sienta la necesidad de permitir que alguien cruce sus límites, recuérdese por qué están establecidos y cómo lo benefician. Recuerde que sus límites son la empatía y el amor que se muestra a sí mismo.

El poder de la vulnerabilidad

Como empático, exponerse a la sociedad lo deja vulnerable, pero esta vulnerabilidad puede ser una fortaleza. Cuando se permite sentirse libre, da permiso a la gente que lo rodea para hacer lo mismo. Los empáticos son emocionales por naturaleza. Reprimir sus sentimientos disminuye la autenticidad de su expresión empática. Su capacidad para conectar con la gente aumenta al estar perpetuamente en un estado vulnerable. Eso no significa que deba permitir que la gente se aproveche de usted.

Los empáticos experimentan muchas emociones. Cuando permite que su vulnerabilidad prospere, está en mejor posición para trabajar con los sentimientos de los que ya no se esconde. La vulnerabilidad controlada es el lienzo sobre el que puede pintar un estilo de vida basado en la empatía. Comunique cómo se siente y exprese sus emociones por irrelevantes que le parezcan. No puede aceptar las emociones no filtradas de la gente como valiosas mientras disminuye la importancia de su experiencia emocional. Practique afirmaciones que empiecen por «yo siento» y note la diferencia en cómo lo reciben.

Potenciar los rasgos empáticos

Los empáticos suelen ser intuitivos, emocionales y expertos en formar conexiones profundas. Su red puede aprovecharse para acercarlo a sus objetivos. Las personas son criaturas sociales que dependen unas de otras para sobrevivir y satisfacer múltiples necesidades. Cuando usted forma conexiones profundas, es más probable que la gente le ayude. Potenciar sus rasgos empáticos requiere que esté abierto a expresar sus opiniones y a pedir ayuda cuando la necesite.

Por mucho que le guste ayudar a la gente, esté también abierto a aceptar ayuda. No puede dar de forma infinita. Recibir es tan esencial como dar. Tiene que abandonar la tendencia tóxica de encogerse y fingir que está bien por miedo a invadir a la gente. Su presencia no es una carga, así que haga saber que aprecia un intercambio equivalente emocional, física, mental y financieramente. Cuando finja que no necesita nada, la gente le creerá, aunque tenga los medios para ayudar.

Gestión de las emociones abrumadoras

A veces, puede sentirse como si fuera una esponja que absorbe las emociones de todas las personas con las que entra en contacto. Además de todo eso, también tiene que lidiar con sus propios sentimientos. Este caldero de emociones burbujeando sin control llega a ser abrumador. Gestionar sus emociones es esencial para mantener la cordura y evitar las garras manipuladoras de los narcisistas que buscan aprovecharse del caos. Siguiendo estos principios y practicando regularmente los ejercicios de meditación e introspección, estará preparado para hacer frente a la avalancha de sentimientos.

Atención plena

La atención plena es la práctica de estar presente en cualquier cosa que esté haciendo. A veces usted se ocupa de varias cosas a la vez que dividen su atención. Por ejemplo, puede estar escuchando música, consultando el teléfono y trabajando, todo al mismo tiempo. La atención plena significa que se centrará en una sola cosa y dedicará a ella la totalidad de su ser durante ese momento. Así, en lugar de estar trabajando y escuchando música, pondrá su atención únicamente en la música, escuchando cada nota y cada letra con detalle mientras presta atención a cómo le hace sentir emocional, física y mentalmente.

Los empáticos suelen quedarse atrapados en su mente, repitiendo el pasado o preocupándose demasiado por el futuro. La atención plena lo devuelve al presente. Intente poner toda su atención en realizar tareas insignificantes. Por ejemplo, cuando limpie, no ponga su atención en otra cosa que no sea la tarea que está realizando. Huela los productos de limpieza, sienta la textura del paño y la temperatura del agua, piérdase en sus movimientos mientras ordena y examine la limpieza de la zona. Practicar el estar presente puede ayudarle a procesar sus emociones en tiempo real y evitar que se abrume con sus pensamientos consumistas.

Meditación

Sus pensamientos y sus emociones, por muy intensos que puedan ser a veces, no son usted. Es usted quien observa sus pensamientos y experimenta sus emociones. A veces, puede sentir que su mente tira de usted en todo tipo de direcciones. La meditación es una forma de volver a centrarse y recordarse a sí mismo que tiene el control de su mundo interior. La paz y la relajación que facilita la meditación le permiten procesar libre de la niebla del estrés y la ansiedad. Siéntese cómodamente con la espalda recta. Si le apetece, ponga música relajante para meditar. Inspire profundamente por la nariz y espire por la boca mientras deja que su mente divague. Descubrirá que los pensamientos de su mente empiezan a entrar en bucle. En ese momento, vuelva a centrar su atención en la respiración. Cada vez que su mente comience a divagar de nuevo, vuelva a centrarse en su respiración. Haga esto durante unos minutos al día y note cómo cambia su bienestar general.

Autoconciencia emocional

Como empático, necesita un alto nivel de autoconciencia para procesar sus emociones. Al final del día, antes de irse a la cama, puede probar este ejercicio. Túmbese cómodamente boca arriba. Concéntrese en cómo se siente sin juzgarse ni justificarse. Identifique dónde siente la emoción en su cuerpo. Pregúntese qué le ha hecho sentirse así mientras reflexiona sobre el día. Piense en cómo su día podría haber sido peor y cómo podría haber sido mejor. Una vez que lo haya hecho, escriba en un diario todos los aspectos destacados y los sucesos desencadenantes del día. Eso, unido a sentir conscientemente sus emociones, puede proporcionarle la perspicacia necesaria para analizar sus sentimientos y emprender las acciones correctas que se alineen con los mejores resultados posibles para usted.

O usted controla sus emociones, o ellas lo controlan a usted. Estar a cargo de sus emociones no significa que deba suprimirlas o invalidarlas. Todo lo contrario, porque cuando trabaja sus sentimientos por completo, adquiere una mayor comprensión de gran parte de su motivación en la vida. Por ejemplo, si se enfada cuando tiene que esperar en una larga cola, es señal de que valora la eficacia. Sus emociones revelan mucho sobre usted. Lo que le produce alegría o tristeza le muestra los cimientos que hacen de usted una persona. Intentar ignorar la esfera emocional de su existencia, especialmente como empático, es contraproducente porque las personas no somos máquinas.

Visualización

Los empáticos suelen tener una imaginación viva y vívida. La visualización es una forma asombrosa de utilizar su imaginación de forma positiva. Cuando se sienta abrumado, visualícese en un espacio tranquilo y sereno. ¿Qué le hace sentirse a gusto y completamente relajado? ¿Dónde iría para sentirse libre de estrés? ¿Qué habría a su alrededor? ¿Cómo olería, sonaría, se vería y sabría? Entre en todos los detalles que pueda. Escaparse a una visualización podría ser la liberación rápida que necesita para sacudirse la negatividad y seguir avanzando.

Gestión de la energía y curación espiritual

Muchas personas empáticas sienten una conexión inexplicable con el reino invisible. El mundo moderno suele restar importancia a la realidad espiritual. Adoptar prácticas espirituales y ser consciente de la energía invisible podría cambiar significativamente su vida como empático. Muchas personas son comprensiblemente escépticas respecto a la espiritualidad, pero una vez que coseche los beneficios de la sanación energética que tiene milenios de respaldo, puede que se sorprenda de su eficacia. Una limpieza y un trabajo energético adecuados podrían cambiarle la vida. Los espíritus empáticos son receptivos y están orientados a la absorción energética. Asimilar todos los patrones energéticos diferentes de las personas que conoce podría descarrilarlo y manifestar numerosos problemas en su vida. Por lo tanto, su conciencia de cómo funciona la energía y cómo le afecta es primordial para sobresalir en todos los niveles de su vida. Todo comienza en lo espiritual antes de nacer en lo natural, por lo que realizar las prácticas energéticas adecuadas puede desbloquear una abundancia ilimitada en todos los ámbitos de su vida. Como empático, se encuentra en una posición privilegiada para acceder al mundo energético con facilidad.

Proteger su energía

Dado que los empáticos pueden absorber más fácilmente la energía de quienes los rodean, es crucial contar con un protocolo de protección potente. La mejor forma de proteger su energía es tomarse un tiempo a solas y hacer lo que le gusta. Reserve algo de tiempo cada semana para centrarse en una actividad que dé sentido a su vida lejos de las exigencias de los demás. Puede tratarse de un esfuerzo artístico o de algo tan sencillo como jugar a videojuegos. La energía empática puede ser caótica porque usted está muy en sintonía con el mundo que lo rodea. Todo el mundo tiene firmas energéticas únicas, por lo que se encuentra constantemente teniendo que ajustar su estado mental y emocional cuando está rodeado de gente. Estar solo le da tiempo para intimar con su propia energía. Así podrá reconocer lo que procede de usted y lo que ha sido recogido por el camino. Una vez que haya hecho esta identificación, puede liberar la energía no deseada afirmando: «Tomo lo que es mío y libero lo que no es para mí».

Limpieza de la energía negativa

Una limpieza espiritual es mejor al salir de casa y al volver. En la mayoría de las tradiciones espirituales, existen dos conductos de limpieza: el agua y el fuego. Quemar incienso mientras imagina que toda la negatividad abandona su cuerpo es una forma estupenda de limpiarse. Un baño espiritual es otra forma de liberar la energía negativa. Puede combinar tanto el agua como el fuego en este proceso. Utilice aceites esenciales de olor agradable como rosa, lavanda, incienso y eucalipto. Viértalos en el agua de su baño o en la esquina de su ducha para liberar los aromas. También puede colocar algunas velas en el baño y poner música tranquilizadora. Incluso puede añadir flores o hierbas a su baño. Cuando tome un baño o una ducha espiritual, visualice cómo la energía negativa sale a través de su aura y se libera de nuevo al mundo.

Recargar y sanar

Imagine que conduce su coche todo el día. Luego, al llegar a casa, lo estaciona en el garaje sin apagar el motor. A la mañana siguiente, se sube a su coche, vuelve a conducirlo y repite el proceso. Si hace esto, la vida útil de su coche disminuirá drásticamente. Tener el motor en marcha constantemente puede arruinarlo y lo arruinará. Del mismo modo, como empático, usted está cableado para experimentar profundamente las percepciones y emociones de los demás, pero si no se desconecta de esa realidad de vez en cuando, lo afectará negativamente.

Para recargarse y curarse como empático después de lidiar con las emociones caóticas de los que lo rodean, puede adoptar una rutina de ejercicios o pasar algún tiempo en la naturaleza. Ambas actividades liberan hormonas en el sistema, lo que puede ayudarlo a salir de la rutina. Otro consejo que debe interiorizar es comer de forma saludable. Mucha fruta y verdura, así como alimentos integrales, le proporcionarán la nutrición necesaria para abrazar las emociones positivas y vivir en una vibración elevada. La combinación de naturaleza, comida sana y ejercicio es imbatible cuando se trata de recargarse y sanar energéticamente.

Conclusión

A lo largo de este libro, probablemente se haya preguntado: «¿Me pondré mejor?». A estas alturas, ya conoce la respuesta. La recuperación es posible, y ya ha dado un gran paso buscando información que lo ayude y lo guíe en su viaje.

El libro comenzaba introduciendo los conceptos de empatía y alta sensibilidad, y exploraba los tipos y rasgos de personalidad de estos individuos. También analizaba aspectos fascinantes de la personalidad con los que quizá no esté familiarizado, como la hipersensibilidad espiritual, la intuición empática y el empático oscuro.

Los narcisistas son personas complejas que nunca son lo que parecen. Muchos se han preguntado cómo son cuando no están fingiendo. Eche un vistazo detrás de su máscara y conozca los tipos de personalidad narcisista, los subtipos y sus rasgos.

Existe una atracción innegable entre narcisistas y empáticos, que probablemente le haya hecho preguntarse: "¿Por qué me siento atraído por estas personas?". El libro responde a esta pregunta aportando diferentes razones, entre ellas algunas que podrían tener sus raíces en su infancia.

Los narcisistas son astutos y su abuso no es fácil de reconocer. Suele producirse por etapas para confundir a sus víctimas y cogerlas desprevenidas. El libro explica las diferentes señales y etapas del abuso narcisista para que usted pueda tomar las precauciones necesarias.

No importa cuánto ame al narcisista, no puede permanecer en una relación que lo está destruyendo activamente. El libro proporciona todos los pasos necesarios para salir a salvo de la relación y empezar a sanar.

Una vez que abandone al maltratador, debe centrarse en su viaje de recuperación. El libro le guía a través de cada paso, explicándole primero el impacto del abuso narcisista y todos los diferentes síntomas que puede experimentar. Luego cubre las diferentes etapas de la recuperación emocional para que esté equipada para comenzar su sanación.

Algunas víctimas de abuso narcisista sufren TEPT. Aunque esto puede suponer un reto, existen varios métodos eficaces para controlar sus síntomas. El libro define el TEPT y proporciona una lista de síntomas y desencadenantes para que pueda hacerse una mejor idea de la afección. A continuación, explica sus diversos métodos de tratamiento y ofrece estrategias de afrontamiento para que pueda manejar su TEPT.

Muchas víctimas de abusos pierden su identidad tras pasar mucho tiempo bajo el control de un narcisista. Parte de su recuperación consiste en redescubrir y recuperar su identidad y su vida. El libro cubre la táctica manipuladora que utilizan los narcisistas para borrar su identidad. También proporciona estrategias para explorar su verdadera identidad y encontrar el camino de vuelta a su antiguo yo.

Hay un niño pequeño herido dentro de usted que quiere que lo cuiden y lo quieran. Usted vio cómo las experiencias de su infancia influyeron en sus emociones y comportamientos. Utilice las técnicas de curación que aprendió para poder superar su pasado y perdonarse a sí mismo.

La última parte del libro incluye herramientas prácticas para que los empáticos se recuperen y prosperen espiritual, emocional y mentalmente.

La recuperación es un largo camino. Siga adelante y no se rinda. Al final lo conseguirá. Solo tiene que ser paciente consigo mismo.

Vea más libros escritos por Andy Gardner

Referencias

(S. f.). Choosingtherapy.com. https://www.choosingtherapy.com/breaking-up-with-a-narcissist/

(S. f.-a). Choosingtherapy.com. https://www.choosingtherapy.com/empaths-and-narcissists/#:~:text=Empaths%20tend%20to%20desire%20validation,learned%20that%20love%20is%20conditional.

(S. f.-a). Choosingtherapy.com. https://www.choosingtherapy.com/overcome-inner-critic/

(S. f.-a). Org.uk. https://www.mind.org.uk/information-support/types-of-mental-health-problems/anxiety-and-panic-attacks/symptoms/

(S. f.-b). Choosingtherapy.com. https://www.choosingtherapy.com/codependent-relationship-signs/

(S. f.-b). Choosingtherapy.com. https://www.choosingtherapy.com/inner-child-healing/

(S. f.-b). Org.uk. https://www.mind.org.uk/information-support/types-of-mental-health-problems/post-traumatic-stress-disorder-ptsd-and-complex-ptsd/symptoms/

(S. f.-c). Choosingtherapy.com. https://www.choosingtherapy.com/narcissistic-abuse-syndrome/

(S. f.-c). Psycom.net. https://www.psycom.net/self-care-101/forgiveness-let-go-of-the-hurt

(S. f.-d). Choosingtherapy.com. https://www.choosingtherapy.com/setting-boundaries-with-a-narcissist/

(S. f.-e). Thelancet.com. https://www.thelancet.com/journals/lanpsy/article/PIIS2215-0366(15)00495-2/fulltext

10 rasgos que comparten las personas empáticas. (s.f.). Psychology Today. https://www.psychologytoday.com/za/blog/emotional-freedom/201602/10-traits-empathic-people-share

12 cosas que hay que esperar al romper con un narcisista. (2017, 1 de febrero). Mindbodygreen. https://www.mindbodygreen.com/articles/breaking-up-with-a-narcissist

16 Señales de Abuso Narcisista y Síndrome de Víctima. (2023, 14 de junio). Elegir la terapia. https://www.choosingtherapy.com/narcissistic-abuse-syndrome/

4 cualidades peligrosas de los “empáticos oscuros”. (s.f.). Psychology Today. https://www.psychologytoday.com/za/blog/lifetime-connections/202306/how-to-identify-a-dark-empath-4-dangerous-traits

7 maneras de establecer límites con los narcisistas. (s.f.). Psychology Today. https://www.psychologytoday.com/intl/blog/narcissism-demystified/202006/7-ways-set-boundaries-narcissists

Akin, E. (2021, 17 de octubre). *5 razones por las que los empáticos y los narcisistas se atraen.* https://unfilteredd.net/do-empaths-attract-narcissists-or-do-narcissists-attract-empaths/

Akin, E. (2022, 7 de mayo). 7 formas en que los narcisistas responden a los límites que usted pone. https://unfilteredd.net/what-happens-when-you-set-a-boundary-with-a-narcissist/

Anwar, B. (2022, 4 de febrero). Pregunte a un terapeuta: “Cómo establecer límites con un narcisista”. Condiciones de salud mental; Talkspace. https://www.talkspace.com/mental-health/conditions/articles/how-to-set-boundaries-with-a-narcissist/

Trastornos de ansiedad. (2018, 4 de mayo). Mayo Clinic. https://www.mayoclinic.org/diseases-conditions/anxiety/symptoms-causes/syc-20350961

Trastornos de ansiedad. (sin fecha). Clínica Cleveland. https://my.clevelandclinic.org/health/diseases/9536-anxiety-disorders

Ariane Resnick, C. N. C. (2021, 1 de noviembre). ¿Qué es el vínculo traumático? Verywell Mind. https://www.verywellmind.com/trauma-bonding-5207136

Arlin Cuncic, M. A. (2021, 18 de noviembre). Efectos del abuso narcisista. Verywell Mind. https://www.verywellmind.com/effects-of-narcissistic-abuse-5208164

despertartratamiento. (2022, 15 de julio). Cure las heridas de su niño interior para fortalecer su salud mental. Centro de tratamiento Awakenings. https://www.awakeningstreatment.com/blog/signs-inner-child-wounds-how-help-heal/

Beeden, K. (2022, 1 de junio). ¿Alguna vez está bien romper el contacto con un narcisista? Medium. https://medium.com/@katiabeeden/is-it-ever-okay-to-break-no-contact-with-a-narcissist-30fbf3f459ef

Ser, G. (2023, 12 de julio). Narcisista y empático: Desentrañando la dinámica empática y narcisista en las relaciones. Grace Being. https://grace-being.com/love-relationships/narcissist-and-empath/

Beneficios de desahogar las emociones suprimidas / reprimidas de forma saludable. (sin fecha). Sanctuaryofhr.com. https://www.sanctuaryofhr.com/benefits-of-venting-suppressed-repressed-emotions-in-healthy-ways/

Bettino, K. (2016, 17 de mayo). Terapia cognitivo-conductual (TCC): Cómo, cuándo y por qué funciona. Psych Central. https://psychcentral.com/lib/in-depth-cognitive-behavioral-therapy

Bottaro, A. (2022, 6 de enero). La guía completa para la recuperación del abuso narcisista. Verywell Health. https://www.verywellhealth.com/narcissistic-abuse-recovery-challenges-and-treatment-5210945

Brady, K. (2020, 11 de noviembre). Ser empático: Los beneficios. Keir Brady Counseling Services. https://keirbradycounseling.com/empath-benefits/

Burton, J. (2021, 24 de junio). Comprender los límites: ¿Qué es la identificación proyectiva? Psychology Today. https://www.psychologytoday.com/us/blog/psychoanalysis-unplugged/202106/understanding-boundaries-what-is-projective-identification

Catchings, C. (2022, 3 de febrero). 7 consejos para curarse del abuso narcisista - talkspace. Condiciones de salud mental; Talkspace. https://www.talkspace.com/mental-health/conditions/articles/narcissistic-abuse-recover-heal/

Duelo complicado. (2022, 13 de diciembre). Clínica Mayo. https://www.mayoclinic.org/diseases-conditions/complicated-grief/symptoms-causes/syc-20360374

Cooks-Campbell, A. (s.f.). Cómo el trabajo con el niño interior permite la curación y el descubrimiento lúdico. Betterup.com. https://www.betterup.com/blog/inner-child-work

Corelli, C. (2022, 4 de junio). Cómo bajar el contacto con un narcisista: Una estrategia para cuando el no contacto es imposible. Carla Corelli. https://www.carlacorelli.com/narcissism-glossary/go-low-contact-with-a-narcissist-a-strategy-for-when-no-contact-is-impossible/

Corelli, C. (2023, 22 de mayo). ¿Por qué los empáticos atraen a los narcisistas? Explorando la conexión entre empáticos y narcisistas. Carla Corelli. https://www.carlacorelli.com/narcissistic-abuse-recovery/why-do-empaths-attract-narcissists/

Asesoramiento para la recuperación del abuso narcisista - Jennifer L. hillier M.a. lpc en San Antonio, Texas. (s. f.). Jennifer L. Hillier M.A. LPC. https://www.jenniferlhillier.com/narcissistic-abuse

Terapia de pareja: Un estudio de caso de codependencia. (2021, 11 de noviembre). El terapeuta en línea. https://theonlinetherapist.blog/couples-therapy-a-codependency-case-study/

Cox, J. (2019, 16 de octubre). Recuperación del abuso narcisista: Formas de curarse. Psych Central. https://psychcentral.com/disorders/narcissistic-personality-disorder/narcissistic-abuse-recovery-healing-from-the-discard

Cox, J. (2019, 16 de octubre). Recuperación del abuso narcisista: Formas de curarse. Psych Central. https://psychcentral.com/disorders/narcissistic-personality-disorder/narcissistic-abuse-recovery-healing-from-the-discard

Cuncic, A., MA. (2022). Efectos del abuso narcisista. Verywell Mind. https://www.verywellmind.com/effects-of-narcissistic-abuse-5208164#:~:text=Emotional%20Lability,around%20you%20is%20not%20accurate

Davenport, B. (2022, 21 de junio). 5 guiones de meditación de autocompasión para ser amable y cariñoso consigo mismo. Mindful Zen. https://mindfulzen.co/compassion-meditation-scripts/

Davies, J., & (Hons), B. A. (2022, 16 de abril). 12 razones por las que los narcisistas y los empáticos se atraen mutuamente. Learning Mind. https://www.learning-mind.com/narcissists-and-empaths-attraction/

Davis, S. (s.f.). El niño interior herido. Cptsdfoundation.org. https://cptsdfoundation.org/2020/07/13/the-wounded-inner-child/

De Vitto, J. (2021, 22 de mayo). Una perspectiva espiritual sobre la persona altamente sensible. Highlysensitivehuman. https://www.highlysensitivehumans.com/post/a-spiritual-perspective-on-the-highly-sensitive-person

Cómo defenderse de un narcisista. (sin fecha). Drexler Law. https://www.drexlerlawgroup.com/blog/2021/october/defending-yourself-against-a-narcissist/

Depresión (trastorno depresivo mayor). (2022, 14 de octubre). Clínica Mayo. https://www.mayoclinic.org/diseases-conditions/depression/symptoms-causes/syc-20356007

¿Las personas muy sensibles atraen a los narcisistas? (s.f.). Psychology Today. https://www.psychologytoday.com/intl/blog/highly-sensitive-refuge/201912/do-highly-sensitive-people-attract-narcissists

Dodgson, L. (2018, 24 de enero). Los empáticos y los narcisistas forman una pareja "tóxica": he aquí por qué se atraen mutuamente. Independiente. https://www.independent.co.uk/life-style/love-sex/empath-narcissist-attracted-like-each-other-opposites-attract-love-sex-relationships-a8176551.html

Ertel, A. (2022, 8 de abril). Cómo identificar y liberar emociones reprimidas. Talkspace. https://www.talkspace.com/blog/repressed-emotions/

Ejercicio 6: Diario de autocompasión. (2015, 23 de febrero). Autocompasión. https://self-compassion.org/exercise-6-self-compassion-journal/

Fatfouta, R., Zeigler-Hill, V., & Schröder-Abé, M. (2017). Soy misericordioso, ¿no? Facetas del narcisismo y el perdón revisitadas. Journal of Research in Personality, 70, 166-173. https://doi.org/10.1016/j.jrp.2017.07.007

De emocional a intuitivo: Los 6 tipos de empatía. (2020, 27 de junio). Mindbodygreen. https://www.mindbodygreen.com/articles/6-different-types-of-empaths-and-how-to-know-which-you-could-be

Gillette, H. (2023, 17 de julio). ¿Qué es un empático? Signos y rasgos. Psych Central. https://psychcentral.com/health/what-is-an-empath

No tener contacto con un narcisista: Todo lo que necesita saber. (2023, 11 de agosto). Elegir la terapia. https://www.choosingtherapy.com/no-contact-with-a-narcissist/

Gupta, S. (2021, 6 de julio). ¿Qué es la terapia del trauma? Verywell Mind. https://www.verywellmind.com/trauma-therapy-definition-types-techniques-and-efficacy-5191413

Gupta, S. (s.f.). ¿Qué es el ciclo del abuso narcisista? Verywell Mind. https://www.verywellmind.com/narcissistic-abuse-cycle-stages-impact-and-coping-6363187

Guy, T. (s.f.). Abuso narcisista y trastorno de estrés postraumático complejo. Cptsdfoundation.org. https://cptsdfoundation.org/2022/08/16/narcissistic-abuse-complex-post-traumatic-stress-disorder/

Hartshorne, S. (2018, 21 de junio). Cómo puede verse afectada su autoestima tras una relación abusiva. Proyecto para mujeres de Broxtowe. https://broxtowewomensproject.org.uk/how-self-esteem-can-be-affected-by-an-abusive-relationship/

Healthdirect Australia. (2023). Autoestima y salud mental. https://www.healthdirect.gov.au/self-esteem

Cómo superar a un narcisista: 11 pasos esenciales. (2017, 6 de julio). Mindbodygreen. https://www.mindbodygreen.com/articles/how-to-get-through-a-breakup-with-a-narcissist

Cómo curar a su niño interior. (sin fecha). Lumohealth.Care. https://www.lumohealth.care/blog/do-you-have-a-wounded-inner-child-here-are-7-key-signs

Howard, A. (2022, 9 de junio). Test del empático. Psych Central. https://psychcentral.com/quizzes/empath-test

¿Es la empatía su mayor fortaleza y su mayor debilidad? (s.f.). Psychology Today. https://www.psychologytoday.com/za/blog/presence-of-mind/201906/is-empathy-your-greatest-strength-and-greatest-weakness

Jack, C. (2020, 16 de abril). Cómo desarrollar un sentido de sí mismo después del abuso narcisista. Psychology Today. https://www.psychologytoday.com/intl/blog/women-autism-spectrum-disorder/202004/how-develop-sense-self-after-narcissistic-abuse

Jones, J. (2021, 20 de abril). Vínculos traumáticos: por qué no puede dejar de amar al narcisista. Proyecto de mujeres de Broxtowe. https://broxtowewomensproject.org.uk/trauma-bonding/

Julia Childs Heyl, M. S. W. (2023, 13 de marzo). Trabajo con el niño interior: Cómo su pasado da forma a su presente. Verywell Mind. https://www.verywellmind.com/inner-child-work-how-your-past-shapes-your-present-7152929

Kendra Cherry, M. (2009, 3 de marzo). ¿Qué es la terapia cognitivo-conductual (TCC)? Verywell Mind. https://www.verywellmind.com/what-is-cognitive-behavior-therapy-2795747

Kendra Cherry, M. (2021a, 26 de mayo). 11 signos de baja autoestima. Verywell Mind. https://www.verywellmind.com/signs-of-low-self-esteem-5185978

Kendra Cherry, M. (2021b, 20 de septiembre). Cómo funciona la terapia integrativa. Verywell Mind. https://www.verywellmind.com/integrative-therapy-definition-types-techniques-and-efficacy-5201904

Kendra Cherry, M. (2021c, 30 de septiembre). ¿Qué es la terapia humanista? Verywell Mind. https://www.verywellmind.com/humanistic-therapy-definition-types-techniques-and-efficacy-5203657

Keohan, E. (2022, 29 de septiembre). Abuso narcisista: Ejemplos, signos y efectos. Condiciones de salud mental; Talkspace. https://www.talkspace.com/mental-health/conditions/articles/narcissistic-abuse/

Keohan, T. T. E., LCSW-C, y MSW. (2022, 29 de septiembre). Abuso narcisista: Ejemplos, signos y efectos. Condiciones de salud mental. https://www.talkspace.com/mental-health/conditions/articles/narcissistic-abuse/

Kip, A. (2020, 18 de noviembre). Cómo recuperar su verdadera identidad y vivir más allá de sus etiquetas. Tiny Buddha. https://tinybuddha.com/blog/how-to-reclaim-your-true-identity-and-live-beyond-your-labels/

Krouse, L. (2020, 27 de octubre). ¿Qué es el trastorno de estrés postraumático (TEPT)? Verywell Health. https://www.verywellhealth.com/what-is-ptsd-5084527

Lundberg, A. (2023, 18 de febrero). Los efectos a largo plazo del abuso narcisista. Charlie Health. https://www.charliehealth.com/post/the-long-term-effects-of-narcissistic-abuse

Lundberg, A. (2023, 18 de febrero). Los efectos a largo plazo del abuso narcisista. Charlie Health. https://www.charliehealth.com/post/the-long-term-effects-of-narcissistic-abuse

Mariadim. (2023, 22 de enero). Terapia para el abuso narcisista: Las 5 mejores alternativas asequibles. TYT. https://triggeryourtrip.com/emotional-path/therapy-for-narcissistic-abuse/

McGee, J. (2023, 29 de septiembre). Cómo recuperar su identidad después del abuso narcisista . Jim McGee Coaching, LLC. https://jimmcgeecoaching.com/identity-after-narcissistic-abuse/

Meaghan Rice PsyD., L. P. C. (2023, 23 de enero). ¿Qué causa la codependencia? Talkspace. https://www.talkspace.com/blog/what-causes-codependency/

La meditación: Una forma sencilla y rápida de reducir el estrés. (2022, 29 de abril). Clínica Mayo. https://www.mayoclinic.org/tests-procedures/meditation/in-depth/meditation/art-20045858

Meredith Brown, L. (2019, 18 de mayo). 9 señales de baja autoestima & 10 maneras de hacer crecer la confianza. The Couch: A Therapy & Mental Wellness Blog. https://blog.zencare.co/boost-self-esteem/

Michael G. Quirke, L. M., y terapeuta familiar. (2020, 23 de junio). El Ciclo del Abuso Narcisista: Idealización, Devaluación, Rechazo. Michael G. Quirke, MFT. https://michaelgquirke.com/the-narcissistic-abuse-cycle-idealization-devaluation-rejection/

Mitra, P., & Fluyau, D. (2023). Trastorno narcisista de la personalidad. StatPearls Publishing.

Abuso narcisista: Signos, efectos y tratamientos. (2023, 2 de junio). Cómo elegir terapia. https://www.choosingtherapy.com/narcissistic-abuse/

Networker, P. (s.f.). Tratamiento de supervivientes de abuso narcisista. Psychotherapynetworker.org; Psychotherapy Networker. https://www.psychotherapynetworker.org/article/treating-survivors-narcissistic-abuse

Newman, S., MA, & MFA. (2016, 8 de julio). 4 maneras de validarse a sí mismo. Psych Central. https://psychcentral.com/blog/4-ways-to-validate-yourself

Okorn, I. (2020, 24 de junio). Identificación proyectiva- M. Klein y W. Bion. Igor Okorn. https://igorokorn.si/en/projective-identification-m-klein-and-w-bion-eng/

Pace, R. (2022, 7 de septiembre). ¿Cómo establecer límites con un narcisista? 15 maneras. Consejos matrimoniales - Consejos y sugerencias matrimoniales de expertos; Marriage.com. https://www.marriage.com/advice/relationship/how-to-set-boundaries-with-a-narcissist/

Padayhag, N. (2017, 28 de septiembre). 7 fortalezas desconocidas de las personas altamente empáticas. Life Coach Code. https://www.lifecoachcode.com/2017/09/28/untold-strengths-of-highly-empathic-individuals/

Experta en recuperación del abuso narcisista paterno. Ayudándote a superar la ansiedad, el agobio, la baja autoestima para reconectar con tu poder, intuición y propósito. (2018, 21 de mayo). Matt D Fox. https://www.mattdfox.com/case-studies/case-study-ellens-story/

Pedersen, T., & Smith, J. (2012, 23 de septiembre). Cómo curar a su niño interior: 10 consejos autocalmantes. Psych Central. https://psychcentral.com/health/how-to-heal-your-inner-child

Perr, B. (2020, 11 de noviembre). El lado oscuro del empático, lo que no queremos que sepa -. Obscuram. https://www.obscuram.com/blog/the-empaths-darkside

Juegue a Kinder World de Lumi Interactive. Creamos juegos que hacen del mundo un lugar más amable. (sin fecha). Playkinderworld.com. https://www.playkinderworld.com/blog/7-signs-of-a-wounded-inner-child

Trastorno por estrés postraumático (TEPT). (2022, 13 de diciembre). Clínica Mayo. https://www.mayoclinic.org/diseases-conditions/post-traumatic-stress-disorder/symptoms-causes/syc-20355967

Radell, M. L., Abo Hamza, E. G., Daghustani, W. H., Perveen, A., & Moustafa, A. A. (2021). El impacto de los diferentes tipos de maltrato en la depresión. Investigación y tratamiento de la depresión, 2021, 1-12. https://doi.org/10.1155/2021/6654503

Raypole, C. (2020, 16 de enero). Complejo de salvador: Definición y ejemplos comunes. Healthline. https://www.healthline.com/health/savior-complex

Raypole, C. (2020, 30 de marzo). 9 consejos, herramientas y estrategias para la recuperación del abuso narcisista. Healthline. https://www.healthline.com/health/mental-health/9-tips-for-narcissistic-abuse-recovery

Rice, A. (2022, 4 de enero). Yoga basado en el trauma: cómo cura, beneficios y posturas que puede probar. Psych Central. https://psychcentral.com/health/what-is-trauma-informed-yoga

Scott, E. (2017, 2 de febrero). ¿Qué es una persona altamente sensible (PAS)? Verywell Mind. https://www.verywellmind.com/highly-sensitive-persons-traits-that-create-more-stress-4126393

Shahida Arabi, M. A. (2017, 21 de agosto). 11 Señales de que es víctima de abuso narcisista. Psych Central. https://psychcentral.com/blog/recovering-narcissist/2017/08/11-signs-youre-the-victim-of-narcissistic-abuse

Sharie Stines, L. (2015, 12 de diciembre). Hacer frente a los confabuladores narcisistas. Psych Central. https://psychcentral.com/pro/recovery-expert/2015/12/coping-with-narcissistic-confabulators

Signos de baja autoestima. (s.f.). WebMD. https://www.webmd.com/mental-health/signs-low-self-esteem

Stokes, V. (2021, 6 de abril). Empatía intuitiva: Signos, tipos, desventajas y autocuidado. Healthline. https://www.healthline.com/health/intuitive-empaths

Síntomas - depresión en adultos. (sin fecha). Nhs.uk. https://www.nhs.uk/mental-health/conditions/depression-in-adults/symptoms/

Telloian, C. (2020, 5 de junio). ¿Cuántos tipos de narcisismo existen y cómo identificarlos? Psych Central. https://psychcentral.com/health/types-of-narcissism

Telloian, C. (2022, 23 de marzo). Efectos del abuso emocional en su cerebro, sus relaciones y su salud. Psych Central. https://psychcentral.com/health/effects-of-emotional-abuse

Testimonios. (s.f.). CLÍNICA DE TRAUMA POR ABUSO NARCISISTA. https://www.narcissisticabusetraumaclinic.com/testimonials.html

Tete, S. (2021, 9 de agosto). Romper con un narcisista: 10 consejos que le ayudarán. STYLECRAZE. https://www.stylecraze.com/articles/breaking-up-with-a-narcissist/

Los retos de ser un empático. (s.f.). Psychology Today. https://www.psychologytoday.com/za/blog/living-finesse/202202/the-challenges-being-empath

La herida narcisista. (s.f.). Psychology Today. https://www.psychologytoday.com/us/blog/impossible-please/201401/the-narcissistic-wound

La ciencia y la biología del TEPT - PTSD UK. (sin fecha). Ptsduk.Org. https://www.ptsduk.org/what-is-ptsd/the-science-and-biology-of-ptsd/

Los dones espirituales de la empatía y la sensibilidad (PAS). (2013, 17 de octubre). Pure Energy Healer | Laura Schwalm, Maestra sanadora psíquica - Sanación con prácticas holísticas y espirituales. https://pureenergyhealer.com/uncategorized/the-spiritual-gift-of-empathy-and-sensitivity-PAS/

Thielemann, J. F. B., Kasparik, B., König, J., Unterhitzenberger, J., & Rosner, R. (2022). A systematic review and meta-analysis of trauma-focused cognitive behavioral therapy for children and adolescents. Child Abuse & Neglect, 134(105899), 105899. https://doi.org/10.1016/j.chiabu.2022.105899

Comprender el complejo del salvador: Causas y consecuencias. (sin fecha). Grouporttherapy.com. https://www.grouporttherapy.com/blog/savior-complex

Vaknin, S. (s.f.). Disociación y confabulación en los trastornos narcisistas. Omicsonline.org. https://www.omicsonline.org/open-access-pdfs/dissociation-and-confabulation-in-narcissistic-disorders.pdf

Villines, Z. (2022, 7 de febrero). Narcisista maligno: Definición, signos y más. Medicalnewstoday.com. https://www.medicalnewstoday.com/articles/malignant-narcissist

Wakefield, M. (2023, 19 de marzo). Las consecuencias a largo plazo del abuso narcisista. Rehabilitación del abuso narcisista. https://www.narcissisticabuserehab.com/the-long-term-consequences-of-narcissistic-abuse/

¿Qué es un empático? (s.f.). WebMD. https://www.webmd.com/balance/what-is-an-empath

¿Qué es la atención plena? (2020, 8 de julio). Mindful; Mindful.org. https://www.mindful.org/what-is-mindfulness/

Lo que hay que saber sobre las emociones reprimidas. (s.f.). WebMD. https://www.webmd.com/mental-health/what-to-know-repressed-emotions

¿Por qué es importante la expresión emocional? (s.f.). Kansashealthsystem.com. https://www.kansashealthsystem.com/health-resources/turning-point/programs/resilience-toolbox/emotional-expression/why-is-emotional-expression-important

¿Volverá un narcisista después de no tener contacto? (2020, 12 de agosto). UpJourney. https://upjourney.com/will-a-narcissist-come-back-after-no-contact

Young, A. (2023, 26 de mayo). La atracción fatal: Por qué los empáticos se enamoran de los narcisistas. Subconscious Servant. https://subconsciousservant.com/why-empaths-fall-for-narcissists/

Zajenkowski, M., Maciantowicz, O., Szymaniak, K., & Urban, P. (2018). El narcisismo vulnerable y grandioso se asocian diferencialmente con la habilidad y el rasgo de inteligencia emocional. Frontiers in Psychology, 9. https://doi.org/10.3389/fpsyg.2018.01606

Zola, M. (2021, 13 de mayo). Por qué la vulnerabilidad es una fortaleza. Terapia Eugene. https://eugenetherapy.com/article/why-vulnerability-is-a-strength

Zoppi, L. (2020, 27 de noviembre). Vínculo traumático: Definición, ejemplos, signos y recuperación. Medicalnewstoday.com. https://www.medicalnewstoday.com/articles/trauma-bonding

www.ingramcontent.com/pod-product-compliance
Lightning Source LLC
Chambersburg PA
CBHW071030250726
48653CB00005B/1788
9798326580900